Acordos Parassociais

Acordos Parassociais

RESTRIÇÕES EM MATÉRIA DE ADMINISTRAÇÃO
DAS SOCIEDADES

2014

Helena Catarina Silva Morais
Mestre em Ciências Jurídico-Privatísticas

ACORDOS PARASSOCIAIS
AUTORA
Helena Catarina Silva Morais
EDITOR
EDIÇÕES ALMEDINA, S.A.
Rua Fernandes Tomás, nºs 76-80
3000-167 Coimbra
Tel.: 239 851 904 · Fax: 239 851 901
www.almedina.net · editora@almedina.net
DESIGN DE CAPA
FBA.
PRÉ-IMPRESSÃO
EDIÇÕES ALMEDINA, S.A.
IMPRESSÃO E ACABAMENTO
DPS - DIGITAL PRINTING SERVICES, LDA
Janeiro, 2014
DEPÓSITO LEGAL
369496/14

Apesar do cuidado e rigor colocados na elaboração da presente obra, devem os diplomas legais dela constantes ser sempre objecto de confirmação com as publicações oficiais.

Toda a reprodução desta obra, por fotocópia ou outro qualquer processo, sem prévia autorização escrita do Editor, é ilícita e passível de procedimento judicial contra o infractor.

 | GRUPOALMEDINA

BIBLIOTECA NACIONAL DE PORTUGAL – CATALOGAÇÃO NA PUBLICAÇÃO

MORAIS, Helena Catarina Silva

Acordos parassociais : restrições em matéria de
administração das sociedades. – (Ideias jurídicas)
ISBN 978-972-40-5274-8

CDU 347

Aos meus Pais

Ao Ricardo

PREFÁCIO

É-me grato prefaciar com algumas palavras introdutórias o estudo que a seguir se publica, da autoria de Helena Catarina Silva Morais. Apresentado como dissertação para a obtenção do grau de Mestre à Faculdade de Direito da Universidade do Porto, este ensaio culmina uma investigação que tive o gosto de acompanhar como orientador e cuja valia e distinção o júri designado reconheceu em provas públicas.

Nele se aborda o tema dos acordos parassociais. Helena Morais incide a sua atenção, em especial, nas restrições em matéria de administração de sociedades frequentemente neles pactuadas. O facto é que essas restrições podem servir relevantes interesses dos sócios, manifestando, por outro lado, o carácter instrumental que muitas sociedades têm para os sócios.

Tive oportunidade de revisitar recentemente o problema – central para o direito societário – da articulação entre a socialidade e a sociabilidade que essas restrições tocam, para que os acordos parassociais "omnilaterais" constituem uma pedra de toque. Ora, o estudo de Helena Morais é mais vasto: sem deixar de ter presente aquele horizonte, tematiza, para todo o universo dos acordos parassociais, as referidas restrições, oferecendo para elas um enquadramento geral. E um dos principais méritos do seu trabalho é o da tipificação dessas restrições e o da sua problematização concretizadora e separada.

Com isto, o estudo de Helena Morais constitui um contributo importante para o progresso da comercialística portuguesa na área dos acordos parassociais. Não apenas, aliás, pela ordenação de matérias, ou pelo desdobrar de questões com que oferece ao leitor o seu tema, mas atentas as respostas, analíticas e ponderadas, que procura dar, assim como a orientação que proporciona ao prático do direito.

Este ensaio não é evidentemente – logo pelo seu propósito e circunstância – um trabalho exaustivo e fechado. Uma das suas mais relevantes qualidades está, precisamente, nas pistas de reflexão que sugere ao leitor interessado.

Os méritos deste estudo pertencem por inteiro a Helena Morais. O acompanhamento que lhe disponibilizei na sua investigação em nada afectou, naturalmente, a autonomia das suas escolhas e a independência do seu percurso intelectual. Guardo naturalmente presentes as características do seu espírito, consistente, atento ao concreto, e perscrutador de soluções adequadas e justas numa área pouco sedimentada.

À autora, patentes que ficam com a publicação deste ensaio as suas qualidades de jurista – além daquelas, pessoais, que o contacto com ela me desvelou -, desejo as maiores felicidades e o merecido favor do público interessado.

Porto, Maio de 2012

MANUEL CARNEIRO DA FRADA

NOTA PRÉVIA

O presente trabalho corresponde, no essencial, à dissertação realizada para obtenção do grau de mestre em Direito, na área de Ciências Jurídico-Privatísticas, que apresentei à Faculdade de Direito da Universidade do Porto e que defendi em provas públicas, que tiveram lugar no dia 15 de Dezembro de 2011. A versão inicial foi alvo de algumas alterações de pormenor, que resultaram, em grande medida, das sugestões propostas na sua discussão pública.

Para a elaboração e publicação desta obra foram de inegável importância os diversos contributos que me foram prestados, que me obrigam a breves palavras de agradecimento.

As primeiras dirijo-as ao Senhor Prof. Doutor Manuel Carneiro da Frada, que aceitou orientar este trabalho, pelas horas dedicadas à discussão e correcção da dissertação, com o rigor e a profundidade que lhe são reconhecidos. Agradeço a disponibilidade com que sempre me recebeu e com que acolheu e esclareceu todas as minhas dúvidas.

Ao Senhor Dr. Paulo Leal dirijo uma palavra de especial apreço e de profunda gratidão, não só pelas horas que me disponibilizou para o meu estudo e pelo empréstimo generoso de obras da sua biblioteca pessoal, como também pela aberta discussão de ideias e pela transmissão dos seus profundos conhecimentos jurídicos e da sua sensibilidade prática.

Agradeço aos meus amigos, com destaque para aqueles que mais de perto me acompanharam: à Luísa, que nunca deixou de incentivar o meu trabalho, e ao Hélder, sem o qual este caminho teria sido, certamente, mais solitário.

À minha família, especialmente aos meus Pais, agradeço a confiança que sempre depositaram em mim. Sem eles não teria sido possível trilhar este percurso académico e profissional.

Por fim, ao Ricardo, agradeço a compreensão e o apoio incondicional. Um especial obrigada por sempre me ter encorajado, sobretudo nos momentos de incerteza e de desânimo que me assolaram durante a realização desta tese.

INTRODUÇÃO

Os acordos parassociais, negócios que deram o mote ao presente trabalho, constituem um tema muito amplo, dada a multiplicidade de conteúdos e de formas que podem revestir. Nessa medida, sabendo que é impossível condensar em tão poucas páginas uma análise exaustiva de todos os tipos de convenções parassociais, e tendo verificado que a doutrina portuguesa tem dado maior atenção aos acordos parassociais sobre o exercício do direito de voto e sobre as restrições à livre transmissibilidade das participações sociais, optámos por deixar de lado considerações relevantes, mas já profundamente analisadas, e procurámos centrar o nosso estudo nos acordos parassociais que incidem sobre o exercício de funções de administração, explorando um pouco mais a sua relação com a proibição estipulada na segunda parte do nº 2 do artigo 17º do Código das Sociedades Comerciais.

Assim sendo, o que pretendemos com este trabalho é, num primeiro momento, compreender os motivos que terão levado o legislador a consagrar aquela proibição, tarefa que desenvolveremos no capítulo 4. Analisaremos, assim, por entendermos que têm relação

ACORDOS PARASSOCIAIS

directa com ela, a imperativa repartição de competências entre os sócios e o órgão de administração, o dever de o administrador actuar com a diligência de um gestor criterioso e ordenado, prosseguindo não só o interesse dos sócios, mas também o interesse de trabalhadores e de credores, e ainda o princípio da responsabilidade dos administradores pela inobservância dos deveres de boa administração, que exige, em nosso entender, que estes tenham autonomia no exercício das suas funções.

Determinados e examinados esses princípios que justificarão aquela proibição, ambicionamos estabelecer o verdadeiro alcance que o legislador pretendeu dar-lhe. Com esse intuito, estudaremos os acordos parassociais que, incidindo sobre o órgão de administração, surgem com mais frequência na prática: os que versam sobre a eleição dos administradores e sobre a sua remuneração; os que dispõem sobre os *quorum* de funcionamento e deliberativo do órgão de administração; os que regulam o dever de informação e os que incidem sobre estratégias de gestão. Em seguida, avaliando-os à luz da segunda parte do nº 2 do artigo 17º, pretendemos determinar as circunstâncias em que eles deverão ser admitidos e os casos em que deverão ser considerados inválidos.

A par da análise destes acordos, e para uma melhor compreensão prática das cláusulas em análise, remeteremos ainda, ao longo do texto, para dois casos-tipo de acordos parassociais, apresentados em anexo a este trabalho.

1. Noções introdutórias

Os acordos parassociais, entre nós regulamentados no artigo 17º do Código das Sociedades Comerciais, desde 1986,[1] são contratos celebrados por todos ou por

[1] Não obstante só estarem expressamente previstos desde a entrada em vigor do actual Código, os acordos parassociais foram analisados pela primeira vez, em Portugal, por Fernando Galvão Telles, em 1942, já depois de as doutrinas anglo-saxónica, alemã, italiana e francesa se terem dedicado a este assunto. Para uma detalhada evolução história dos acordos parassociais em Portugal e no direito comparado, cfr. BAIRROS, Rita Mafalda Vera-Cruz Pinto, "Os acordos parassociais – breve caracterização", *Revista de Direito das Sociedades*, ano II (2010), I-II, pp. 339-345; CORDEIRO, António Menezes, *Manual de Direito das Sociedades*, I, Coimbra, Almedina, 2004, pp. 566-575; Idem, "Acordos Parassociais", *Revista da Ordem dos Advogados* 61º (2001), II, pp. 529-538; CORREIA, Luís Brito, *Direito Comercial, III – Deliberações dos Sócios*, AAFDL, Lisboa, 1997, pp. 170-172; LEAL, Ana Filipa, "Algumas notas sobre a parassocialidade no Direito português", *Revista de Direito das Sociedades*, ano I (2009), II, pp. 135-137; SANTOS, Mário Leite, *Contratos parassociais e acordos de voto nas sociedades anónimas*, Lisboa, Edições Cosmos, 1996, pp. 83-171; TRIGO, Maria da Graça, *Os acordos parassociais sobre o exercício do direito de voto*, 2ª ed., Lisboa, Universidade Católica Editora, 2011, pp. 41-130; VENTURA, Raul, *Estudos Vários Sobre Sociedades Anónimas*, Coimbra, Almedina, 1992, pp. 64-69.

ACORDOS PARASSOCIAIS

alguns dos sócios de uma sociedade, nessa qualidade,[2]
que visam salvaguardar interesses das partes sobre
assuntos respeitantes à vida societária, nas várias

[2] Apesar de o art. 17º apenas se referir a "todos ou alguns sócios",
não significa que não possam intervir nos acordos parassociais pessoas estranhas à sociedade. Como podemos observar em SANTOS,
Mário Leite, *Contratos parassociais e acordos de voto nas sociedades anónimas*, Lisboa, Edições Cosmos, 1996, p. 7, os acordos parassociais são
"acordos extra-estatutários entre todos ou alguns sócios, entre sócios
e terceiros, ou entre sócios e a própria sociedade, sobre assuntos que
respeitam à vida desta, ou aos seus específicos interesses enquanto
participantes nela". No mesmo sentido, ABREU, Jorge Manuel Coutinho de, *Curso de Direito Comercial*, II, 4ª ed., Coimbra, Almedina, 2011,
p. 156, n. 151; ASCENSÃO, J. Oliveira, *Direito Comercial, IV – Sociedades
Comerciais, Parte Geral*, Lisboa, 2000, p. 294; CORREIA, Luís Brito,
Direito Comercial, III – Deliberações dos Sócios, AAFDL, Lisboa, 1997, p.
167, n. 223; LEAL, Ana Filipa, "Algumas notas sobre a parassocialidade
no Direito português", *Revista de Direito das Sociedades*, ano I (2009),
II, p. 148; TRIGO, Maria da Graça, "Acordos Parassociais – síntese das
questões jurídicas mais relevantes", *Problemas do Direito das Sociedades*,
Instituto do Direito das Empresas e do Trabalho, Coimbra, Almedina, 2003, pp. 173-174; Idem, *Os acordos parassociais sobre o exercício
do direito de voto*, 2ª ed., Lisboa, Universidade Católica Editora, 2011,
pp. 141-143. Esta última defende, e bem, que será de aplicar a esses
acordos atípicos, por analogia, o artigo 17º do Código das Sociedades
Comerciais, porque se este se destina a disciplinar a posição jurídica
do sócio e a interferência na vida e organização societárias, também
deverá regular outros acordos que tenham o mesmo fim, sob pena de
se contornar as proibições nele previstas, bastando para isso introduzir
um terceiro estranho à sociedade. Diferentemente, VENTURA, Raul,
Estudos Vários Sobre Sociedades Anónimas, Coimbra, Almedina, 1992,
p. 13 e "Acordos de Voto: algumas questões depois do Código das
Sociedades Comerciais", *O Direito*, I-II, 1992, pp. 19-20, defende que os
acordos parassociais atípicos não estão sujeitos ao artigo 17º. Contra

NOÇÕES INTRODUTÓRIAS

relações que se estabelecem entre elas e a sociedade, os órgãos sociais ou terceiros.

Estes acordos são autónomos relativamente ao pacto social, uma vez que vinculam individual e pessoalmente as partes que os celebram, sem afectar a sociedade. Por outro lado, diferem de outros contratos celebrados pelas partes, porque têm, necessariamente, elementos de conexão com a vida societária. Nessa medida, pode dizer-se que os acordos parassociais têm duas características essenciais: "independência, porquanto constituem negócios jurídicos com autonomia própria, regidos por normas que lhes são peculiares, negócios esses que se distinguem do contrato de sociedade mercê da natureza individual e pessoal das obrigações que deles emergem (...); acessoriedade, porque existe uma particular conexão (...) entre o contrato para-social e o pacto social (...)".[3/4]

---

a validade dos acordos em que intervêm não sócios, cfr. ALMEIDA, António Pereira de, *Sociedades Comerciais: completamente reformulado de acordo com o Decreto-Lei nº 76-A/2006* , 4ª ed., Coimbra, Coimbra Editora, 2006, p. 294; CUNHA, Paulo Olavo da, *Direito das Sociedades Comerciais*, 5ª ed., Coimbra, Almedina, 2012, pp. 171-172; e Acórdão do Supremo Tribunal de Justiça, de 16.03.1999, processo nº 1274/98, *Colectânea de Jurisprudência do Supremo Tribunal de Justiça*, VII (1999), tomo I, pp. 160-163.

[3] TELLES, Fernando Galvão, "União de contratos e contratos parasociais", *Revista da Ordem dos Advogados* 11º (1951), 1-2, pp. 74-75.

[4] Essa conexão manifesta-se em diversos momentos. Para a compreender, bastará atentar-se no facto de, em grande parte das vezes, o acordo parassocial ser a base da constituição de uma nova sociedade ou ter por objecto uma (futura) alteração ao contrato de sociedade.

ACORDOS PARASSOCIAIS

Os acordos parassociais, que podem assumir uma multiplicidade de funções, têm um papel muito relevante na vida das sociedades, já que combatem a rigidez dos estatutos, adaptando-se mais adequadamente às conveniências dos sócios e às necessidades do tráfego mercantil. Estes convénios podem ser celebrados anteriormente ao acto constitutivo, estabelecendo as bases sobre as quais se constituirá uma nova sociedade, ou podem ser celebrados no seu seio, assumindo, nesses casos, diversas funções, que, não sendo possível enumerar, a doutrina actual tendencialmente divide em três grupos. Por um lado, encontramos os acordos que regulam o regime da transmissão e alienação de participações sociais, estabelecendo, muitas vezes, direitos de preferência.[5] Por outro lado, temos os acordos que orientam as actividades dos sócios – normalmente acordos de voto – que podem obrigar as partes a uma concertação futura, a um debate

---

[5] É o que sucede na Cláusula Quinta do Acordo Parassocial apresentado no Anexo A, que estabelece um direito de preferência na transmissão onerosa de participações a favor dos outros outorgantes. Acerca dos acordos parassociais sobre a transmissão e alienação de acções, *vide* TOMÉ, Maria João, "Algumas notas sobre as restrições contratuais à livre transmissibilidade de acções", *Direito e Justiça*, IV (1989-90), pp. 213 e ss. Cfr. ainda o Acórdão do Tribunal da Relação de Guimarães, de 13.11.2002, processo nº 660/02, *Colectânea de Jurisprudência*, XXVII (2002), tomo V, pp. 268-272, e o Acórdão do Tribunal da Relação de Lisboa, de 25.10.2001, processo nº 7045/01, *Colectânea de Jurisprudência*, XXVI (2001), tomo IV, pp. 130-133. Sobre a transmissão de valores mobiliários, em geral, ver, entre outros, VEIGA, Alexandre Brandão da, *Transmissão de Valores Mobiliários*, Coimbra, Almedina, 2010.

NOÇÕES INTRODUTÓRIAS

prévio à assembleia geral deliberativa ou ao exercício do direito de voto num determinado sentido. Ao estabelecerem determinadas directrizes em conjunto, os sócios procuram, em grande parte das vezes, obter maiorias deliberativas ou proteger sócios minoritários. Por fim, existem os acordos pelos quais os sócios, com vista a conferir estabilidade e unidade à direcção da vida da sociedade, elegem os membros do órgão de administração,[6] se obrigam a subscrever aumentos de capital[7] ou definem os princípios orientadores da política empresarial a seguir.[8] Serão estes últimos

---

[6] Ver a Cláusula Segunda do Acordo Parassocial apresentado no Anexo A.

[7] Cfr. a Cláusula Sexta do Acordo Parassocial do Anexo A, em que os contraentes se comprometem a não votar favoravelmente um aumento de capital por entradas em dinheiro superior a 200.000,00 €.

[8] Esta divisão é-nos apresentada por CORDEIRO, António Menezes, "Acordos Parassociais", *Revista da Ordem dos Advogados* 61º (2001), II, pp. 540-541; Idem, *Manual de Direito das Sociedades*, I, Coimbra, Almedina, 2004, pp. 580-582; e LEAL, Ana Filipa, "Algumas notas sobre a parassocialidade no Direito português", *Revista de Direito das Sociedades*, ano I (2009), II, pp. 142-143. Por sua vez, TRIGO, Maria da Graça, *Os acordos parassociais sobre o exercício do direito de voto*, 2ª ed., Lisboa, Universidade Católica Editora, 2011, pp. 19-27, opta por dividir os acordos parassociais segundo outros critérios: quanto ao tempo, quanto à identidade das partes e quanto ao conteúdo. Já Fernando Galvão Telles (em "União de contratos e contratos para-sociais", *Revista da Ordem dos Advogados* 11º (1951), 1-2, pp. 76-82) e Raul Ventura (em *Estudos Vários Sobre Sociedades Anónimas*, Coimbra, Almedina, 1992, p. 11), na esteira de Giorgio Oppo (*Diritto delle società*, II, Padova, Cedam, 1992), optaram por dividir os acordos parassociais, não com base no seu conteúdo, mas de acordo com a incidência que estes têm na sociedade. Assim, poderemos encontrar acordos pelos quais os sócios regulam os direitos

acordos, os que visam controlar a gestão da sociedade, que merecerão a nossa maior atenção neste
trabalho, dada a duvidosa legalidade que revestem,
face ao disposto na segunda parte do nº 2 do artigo
17º do Código das Sociedades Comerciais.

que lhes assistem e as obrigações a que se sujeitam, convenções pelas
quais os sócios visam obter vantagens para a sociedade e, por fim,
pactos que acarretam um prejuízo para aquela.

2. A admissibilidade dos acordos parassociais e as restrições gerais ao seu conteúdo

A regra geral de admissibilidade dos acordos parassociais, vertida no artigo 17º do Código das Sociedades Comerciais, não significa que todos os acordos sejam válidos, nem permite, à partida, estabelecer um critério unitário de avaliação da validade de qualquer acordo parassocial.

Sendo certo que os acordos parassociais podem dispor de forma diferente do previsto na lei e nos estatutos, sendo aliás a obtenção de diferentes efeitos práticos dos que resultariam daquelas fontes que leva as partes a celebrar esse tipo de negócios, o seu conteúdo deverá ser avaliado casuisticamente, à luz de múltiplos critérios, nomeadamente do princípio da boa fé, dos princípios gerais dos contratos, da licitude do objecto e da compatibilidade com as regras legais existentes.[9] Assim, atendendo aos artigos 280º,

---

[9] São exemplos de acordos parassociais que constituem fraude à lei os que contornam a proibição do pacto leonino, os que conduzem a deliberações nulas ou anuláveis, os que privam definitivamente o accionista do seu direito de voto, os que impedem a transmissão das

ACORDOS PARASSOCIAIS

281º e 294º do Código Civil, os acordos parassociais não poderão violar normas imperativas, mas poderão incluir cláusulas que dispõem diferentemente de outras normas societárias, de carácter tendencialmente supletivo.[10] Acresce que, quando uma cláusula de um acordo parassocial colide com uma norma dos estatutos, aquela não pode, à partida, ser considerada nula. O que sucede nestes casos é que existem duas fontes de vinculação contratual incompatíveis, pelo

participações sociais e os que eliminam o direito do sócio à informação. Ver, neste sentido, ABREU, Jorge Manuel Coutinho de, *Curso de Direito Comercial*, II, 4ª ed., Coimbra, Almedina, 2011, pp. 158-159; CUNHA, Carolina, *Código das Sociedades Comerciais em Comentário*, volume I, Jorge M. Coutinho de Abreu (coord.), Instituto de Direito das Empresas e do Trabalho, Coimbra, Almedina, 2010, p. 307; TRIGO, Maria da Graça, *Os acordos parassociais sobre o exercício do direito de voto*, 2ª ed., Lisboa, Universidade Católica Editora, 2011, pp. 173-174.

[10] Também neste sentido, ver ALMEIDA, António Pereira de, *Sociedades Comerciais: completamente reformulado de acordo com o Decreto-Lei nº 76-A/2006*, 4ª ed., Coimbra, Coimbra Editora, 2006, p. 296; CUNHA, Paulo Olavo da, *Direito das Sociedades Comerciais*, 5ª ed., Coimbra, Almedina, 2012, pp. 175-176; LEAL, Ana Filipa, "Algumas notas sobre a parassocialidade no Direito português", *Revista de Direito das Sociedades*, ano I (2009), II, p. 156; TELLES, Fernando Galvão, "União de contratos e contratos para-sociais", *Revista da Ordem dos Advogados* 11º (1951), 1-2, p. 94; Trigo, Maria da Graça, "Acordos Parassociais – síntese das questões jurídicas mais relevantes", *Problemas do direito das sociedades*, Instituto do Direito das Empresas e do Trabalho, Coimbra, Almedina, 2003, p. 173; Idem, *Os acordos parassociais sobre o exercício do direito de voto*, 2ª ed., Lisboa, Universidade Católica Editora, 2011, p. 188; VENTURA, Raul, *Estudos Vários Sobre Sociedades Anónimas*, Coimbra, Almedina, 1992, p. 82.

A ADMISSIBILIDADE DOS ACORDOS PARASSOCIAIS

que o sócio terá de optar pelo cumprimento de uma das duas normas, assumindo as consequências do incumprimento da outra.[11]

Por outro lado, há que verificar se o interesse social se encontra ou não respeitado no acordo parasso-cial, o que conduzirá, inevitavelmente, o intérprete

---

[11] Com uma posição idêntica, cfr. CUNHA, Carolina, *Código das Sociedades Comerciais em Comentário*, volume I, Jorge M. Coutinho de Abreu (coord.), Instituto de Direito das Empresas e do Trabalho, Coimbra, Almedina, 2010, p. 313; e LEAL, Ana Filipa, "Algumas notas sobre a parassocialidade no Direito português", *Revista de Direito das Sociedades*, ano I (2009), II, pp. 171. Em defesa da prevalência do pacto de sociedade, ver ALMEIDA, António Pereira de, *Sociedades Comerciais: completamente reformulado de acordo com o Decreto-Lei nº 76-A/2006*, 4ª ed., Coimbra, Coimbra Editora, 2006, p. 296; CUNHA, Paulo Olavo da, *Direito das Sociedades Comerciais*, 5ª ed., Coimbra, Almedina, 2012, p. 177; SANTOS, Mário Leite, *Contratos parassociais e acordos de voto nas sociedades anónimas*, Lisboa, Edições Cosmos, 1996, p. 215; e TRIGO, Maria da Graça, "Acordos Parassociais – síntese das questões jurídicas mais relevantes", *Problemas do direito das sociedades*, Instituto do Direito das Empresas e do Trabalho, Coimbra, Almedina, 2003, pp. 177-178; Idem, *Os acordos parassociais sobre o exercício do direito de voto*, 2ª ed., Lisboa, Universidade Católica Editora, 2011, p. 188-189, que, contudo, configura esta situação como um conflito de deveres. Ou seja, considerando que o interesse protegido pelo ordenamento estatutário é superior ao bem ou interesse tutelado pela vinculação parassocial, entende a Autora que o sócio deverá respeitar o pacto, constituindo esse cumprimento causa de exclusão da ilicitude do incumprimento da vinculação parassocial, excepto nos casos em que houver culpa do sócio na contradição. Uma excepção que, como bem se vê, apenas ocorrerá caso a vinculação parassocial seja anterior ao pacto ou à sua modificação posterior. Caso contrário, haverá culpa do sócio na contradição.

ACORDOS PARASSOCIAIS

a questões nebulosas que há anos ocupam a doutrina e em relação às quais deixamos apenas uma breve e genérica referência. De acordo com as teorias contratualistas,[12] o interesse social corresponde aos interesses comuns dos sócios enquanto tais, desde que contribuam para o principal fim da sociedade comercial: o escopo lucrativo. Isto é, outros interesses que os sócios possam partilhar, mas que não estejam conexionados com o fim da sociedade, já não poderão contribuir para aquela noção de interesse. Ora, esta perspectiva contratualista de interesse social deverá estar presente quando estão em causa comportamentos dos sócios,[13] quer nas deliberações tomadas em

[12] Às teorias contratualistas opõem-se as teorias institucionalistas de interesse social, que têm em conta não apenas os interesses dos sócios, mas também de terceiros que interagem com a sociedade, nomeadamente trabalhadores e credores. Sobre este tema ver, *infra*, o ponto 4.2., a propósito da relação entre o interesse social e a proibição de os acordos parassociais incidirem sobre funções de administração.

[13] Coutinho de Abreu ("Deveres de cuidado e de lealdade dos administradores e interesse social", *Reformas do Código das Sociedades*, Instituto do Direito das Empresas e do Trabalho, Coimbra, Almedina, 2007, pp. 33-34) indica alguns dos preceitos do Código das Sociedades Comerciais que consagram, claramente, uma perspectiva contratualista de interesse: artigo 251º, nº 1 – o sócio está impedido de votar quando se encontra em situação de conflito de interesse com a sociedade; artigo 328º, nº 2, c) – o estatuto pode subordinar a transmissão de acções à existência de determinados requisitos conformes com o interesse social; artigo 329º, nº 1 e 2 – a assembleia pode recusar o consentimento para a transmissão de acções com fundamento no interesse social; artigo 460º, nº 2 – a assembleia que deliberar o aumento de capital pode limitar ou suprimir o direito de preferência dos accionistas, se o

assembleia, quer, naturalmente, nos acordos parassociais que celebrem entre si ou com terceiros. Ou seja, os sócios devem ter em conta não os seus próprios interesses individuais, mas os interesses que comungam entre si, cuja reunião constituirá o interesse social. Será este interesse que estará em causa, em certa medida, na proibição da alínea c) do nº 3 do artigo 17º, que iremos agora analisar.

interesse social o justificar; artigo 58º, nº 1 b) – são anuláveis as deliberações dos sócios através das quais estes consigam vantagens especiais para si ou para terceiros, em prejuízo da sociedade. Pelo contrário, quando estão em causa comportamentos do órgão de administração, como veremos mais à frente, o legislador parece ter optado por uma perspectiva institucionalista de interesse.

3. Restrições aos acordos de voto

Para além dos limites decorrentes dos princípios gerais aplicáveis a todos os contratos, o Código das Sociedades Comerciais apresenta também, no nº 3 do artigo 17º,[14] limites aos chamados acordos de voto.[15]

Com efeito, proíbe-se, na alínea c), os acordos mediante os quais um sócio se compromete a votar num determinado sentido, em troca de vantagens especiais. Nas palavras de Mário Leite Santos "estamos perante um importante limite à livre utilização

---

[14] Este preceito é uma reprodução do artigo 35º da proposta de V Directiva das Sociedades, que foi inspirado no § 136, 2 e no § 405, 3, alíneas 6 e 7 da AktG alemã.

[15] Não sendo a proibição do nº 3 do artigo 17º do Código das Sociedades Comerciais o tema central deste trabalho, não nos reteremos a analisá-lo em pormenor, indicando apenas as questões que mais frequentemente são levantadas. Para uma análise mais profunda e cuidada sobre o assunto, ver LEAL, Ana Filipa, "Algumas notas sobre a parassocialidade no Direito português", *Revista de Direito das Sociedades*, ano I (2009), II, pp. 163-169; TRIGO, Maria da Graça, *Os acordos parassociais sobre o exercício do direito de voto*, 2ª ed., Lisboa, Universidade Católica Editora, 2011, pp. 158-165; VENTURA, Raul, *Estudos Vários Sobre Sociedades Anónimas*, Coimbra, Almedina, 1992, pp. 71-82; e SANTOS, Mário Leite, *Contratos parassociais e acordos de voto nas sociedades anónimas*, Lisboa, Edições Cosmos, 1996, pp. 227-235.

ACORDOS PARASSOCIAIS

pelo sócio dos direitos que lhe advêm da participação social. (...) Os direitos (...) destinam-se a ser exercidos pelos sócios no seu próprio interesse", mas "o ordenamento não tolera formas indiscriminadas do seu uso".[16] Esta proibição não está, de forma alguma, dependente de um prejuízo para a sociedade. Independentemente desse prejuízo, a alínea c) visa evitar que o sócio, ao invés de exercer o seu direito de voto no seu interesse e, consequentemente, no interesse da actividade comum societária, vote simplesmente para cumprir uma obrigação de que já recebeu contrapartida: a vantagem especial. Essa vantagem especial, que pode ou não ter carácter patrimonial, tem de ter uma ligação com o voto, mas não pode ser uma consequência do seu exercício. Ou seja, se a vantagem que o sócio consegue é uma consequência natural do sentido do voto e da deliberação subsequente, não há qualquer ilicitude. Ilicitude existe se, em troca da obrigação de votar,[17] da obrigação de se

[16] SANTOS, Mário Leite, *Contratos parassociais e acordos de voto nas sociedades anónimas*, Lisboa, Edições Cosmos, 1996, p. 230.

[17] A lei basta-se com a simples obrigação de votar, não sendo necessário, para haver ilicitude, que o sócio predetermine o sentido do seu voto. Isto porque, sendo intenção do legislador condenar a concessão de vantagens particulares a troco do exercício de um direito social, parece-nos ser indiferente que o sócio se obrigue a votar num determinado sentido ou se obrigue simplesmente a votar. Com opinião semelhante, ver LEAL, Ana Filipa, "Algumas notas sobre a parassocialidade no Direito português", *Revista de Direito das Sociedades*, ano I (2009), II, pp. 166-167; VENTURA, Raul, *Estudos Vários Sobre Sociedades Anónimas*, Coimbra, Almedina, 1992, p. 80; e SANTOS, Mário Leite, *Contratos*

abster[18] ou da obrigação de votar num determinado sentido, um sócio ou um terceiro por si indicado receber uma vantagem especial[19] que não receberia, não fora o acordo prévio. Assim, o que a alínea c) pretende condenar é o completo desinteresse do sócio face ao destino societário. Os acordos parassociais existem e são legalmente admitidos, não para os sócios deles retirarem vantagens especiais para si, mas para debaterem o futuro societário e para direccionarem o sentido do seu voto, com vista a orientar a sociedade pelos caminhos que considerem mais convenientes ao interesse comum.

---

parassociais e acordos de voto nas sociedades anónimas, Lisboa, Edições Cosmos, 1996, p. 232. Contra, *vide* TRIGO, Maria da Graça, *Os acordos parassociais sobre o exercício do direito de voto*, 2ª ed., Lisboa, Universidade Católica Editora, 2011, pp. 162-163, que defende que a evolução do artigo 35º da Proposta de V Directiva parece apontar para uma restrição desta proibição aos acordos que determinam o sentido do voto, não sendo já ilícitos aqueles que estabelecem uma simples obrigação de votar.

[18] A obrigação de se abster parece abranger, para além da abstenção em sentido técnico, também a obrigação de faltar à assembleia. Neste sentido pronunciam-se ABREU, Jorge Manuel Coutinho de, *Curso de Direito Comercial*, II, 4ª ed., Coimbra, Almedina, 2011, p. 160; LEAL, Ana Filipa, "Algumas notas sobre a parassocialidade no Direito português", *Revista de Direito das Sociedades*, ano I (2009), II, p. 167; TRIGO, Maria da Graça, Os acordos parassociais sobre o exercício do direito de voto, 2ª ed., Lisboa, Universidade Católica Editora, 2011, p. 163; e VENTURA, Raul, *Estudos Vários Sobre Sociedades Anónimas*, Coimbra, Almedina, 1992, p. 75.

[19] A maioria da doutrina portuguesa partilha desta noção de "vantagem especial", semelhante à adoptada pela doutrina e jurisprudência alemãs. Sobre este assunto, ver TRIGO, Maria da Graça, *Os acordos parassociais sobre o exercício do direito de voto*, 2ª ed., Lisboa, Universidade Católica Editora, 2011, p. 164.

ACORDOS PARASSOCIAIS

Por outro lado, nas alíneas a) e b), o legislador estabeleceu a nulidade do acordo pelo qual o sócio se compromete a exercer o seu direito de voto seguindo sempre as instruções dos órgãos sociais ou aprovando sempre as propostas feitas por eles. Uma questão que costuma ser levantada na doutrina é a relevância que deverá ser dada ao advérbio "sempre", introduzido nas alíneas a) e b), mas omisso na alínea c). Parece que a opção do legislador terá sido propositada, e não um simples lapso. Se o que aqui se visa é evitar o exercício de pressão e de influência de um dos órgãos sociais sobre a formação da vontade dos sócios, preservando o princípio da tipicidade, então parece que o que o legislador pretendeu foi proibir obrigações reiteradas e prolongadas no tempo, admitindo que os sócios possam votar de acordo com as instruções de um órgão societário em situações pontuais, nomeadamente em deliberações isoladas.[20] Isto é, se os sócios perdessem a sua autonomia no exercício do direito de voto, tal

---

[20] Com uma posição semelhante, ver SANTOS, Mário Leite, *Contratos parassociais e acordos de voto nas sociedades anónimas*, Lisboa, Edições Cosmos, 1996, pp. 228-229; TRIGO, Maria da Graça, *Os acordos parassociais sobre o exercício do direito de voto*, 2ª ed., Lisboa, Universidade Católica Editora, 2011, p. 161; e VENTURA, Raul, *Estudos Vários Sobre Sociedades Anónimas*, Coimbra, Almedina, 1992, pp. 73-74. Contra, *vide* ABREU, Jorge Manuel Coutinho de, *Curso de Direito Comercial*, II, 4ª ed., Coimbra, Almedina, 2011, p. 160, n. 159; CORDEIRO, António Menezes, "Acordos Parassociais", *Revista da Ordem dos Advogados* 61º (2001), II, p. 542; e LEAL, Ana Filipa, "Algumas notas sobre a parassocialidade no Direito português", *Revista de Direito das Sociedades*, ano I (2009), II, pp. 165-166, que entendem que se deve interpretar

corresponderia a uma autêntica delegação material desse direito nos órgãos sociais, o que levaria o órgão de administração a controlar todas as deliberações que formalmente fossem tomadas pelos sócios, em assembleia geral, e, simultaneamente, a evitar a responsabilização por tais decisões. Pelo contrário, se o acordo for isolado, não haverá aquela "intolerável influência de um órgão da sociedade sobre a assembleia geral",[21] nomeadamente porque nesses acordos pontuais será mais fácil o sócio conhecer o conteúdo da deliberação que concretamente irá ser tomada e, com vista a concertar estratégias,[22] negociar o sentido do seu voto.[23]

---

restritivamente a palavra "sempre", de forma a serem igualmente nulos os acordos pontuais.

[21] VENTURA, Raul, *Estudos vários sobre sociedades anónimas*, Coimbra, Almedina, 1992, p. 74.

[22] Quando falamos em concertação de estratégias, referimo-nos aos "interesses que impulsionam a celebração" dos acordos parassociais, como "a conveniência em assegurar a estabilidade da gestão social, (...) em assegurar a manutenção de uma política comum (...) e em permitir uma ponderação prévia das decisões a tomar (...)" (CUNHA, Carolina, *Código das Sociedades Comerciais em Comentário*, volume I, Jorge M. Coutinho de Abreu (coord.), Instituto de Direito das Empresas e do Trabalho, Coimbra, Almedina, 2010, pp. 293-294).

[23] Outra situação a ter em consideração, para a qual nos alerta Maria da Graça Trigo (*Os acordos parassociais sobre o exercício do direito de voto*, 2ª ed., Lisboa, Universidade Católica Editora, 2011, pp. 159-160), será aquela em que os sócios subscritores do acordo de voto são também membros de um órgão social. Contudo, nesses casos, apenas haverá uma efectiva influência quando esteja presente no acordo a maioria dos membros do órgão e quando, por sua vez, esses membros constituam uma maioria no acordo parassocial, capaz de influenciar efectivamente a deliberação.

4. Os acordos parassociais sobre a actuação dos membros do órgão de administração: razões para a sua proibição

A parte final do nº 2 do artigo 17º prevê a proibição de os sócios tentarem, mediante acordos parassociais, regular a "conduta de intervenientes ou de outras pessoas[24] no exercício de funções de administração ou de

[24] Uma questão que se pode colocar é a de saber quem são estas "outras pessoas no exercício de funções de administração" que o legislador refere. É que, para além de não ser permitido atribuir a outros órgãos competências legalmente atribuídas ao órgão de administração, de acordo com o preceituado nos artigos 252º, nº 5 e 261º, nº 2, no caso das sociedades por quotas, e nos artigos 391º, nº 6 e 410º, nº 5, no caso das sociedades anónimas, os gerentes e os administradores só podem delegar competências noutros gerentes ou administradores da sociedade. Ou seja, se ninguém mais, para além dos gerentes ou administradores, se pode ocupar das tarefas de gestão e de representação da sociedade, não parece fazer sentido a referência a "outras pessoas no exercício de funções de administração". Contudo, se atentarmos no artigo 80º do Código das Sociedades Comerciais, percebemos que o legislador usa uma expressão idêntica para estender a responsabilidade a "outras pessoas a quem sejam confiadas funções de administração". Sem nos querermos alongar em demasia a analisar esta problemática, que já foi debatida nos lugares próprios, limitamo-nos a verificar que a

ACORDOS PARASSOCIAIS

fiscalização". Como facilmente se percebe, o que se pretende prevenir é que os sócios interfiram ou exerçam influência na actuação dos membros do órgão de

doutrina que se ocupa deste tema defende que este artigo 80º serve, essencialmente, para aplicar o regime da responsabilidade civil dos administradores aos administradores de facto, de forma idêntica ao que acontece com o artigo 24º da Lei Geral Tributária, que prevê a aplicação do instituto da reversão por dívidas fiscais não só aos administradores de direito, mas também aos administradores de facto (embora, neste caso, o legislador tenha tido o cuidado de adoptar uma expressão mais clara). Para uma análise ao artigo 80º, *vide* RAMOS, Maria Elisabete, *Responsabilidade Civil dos Administradores e Directores de Sociedades Anónimas perante os credores sociais*, Studia Iuridica 67, Coimbra, Coimbra Editora, 2002, pp. 176-180; RIBEIRO, Maria de Fátima, *A tutela dos credores das sociedades por quotas e a "desconsideração da personalidade jurídica"*, Coimbra, Almedina, 2009, pp. 468-476, que entende que, para além de poder responsabilizar aqueles a quem foram confiadas matérias de administração, o artigo 80º se aplicará também aos casos em que o sócio assumiu essas funções por sua própria iniciativa. Cfr. ainda COSTA, Ricardo, "Responsabilidade civil societária dos administradores de facto", *Temas Societários*, Instituto do Direito das Empresas e do Trabalho, Coimbra, Almedina, 2006, pp. 23-43, que, reconhecendo que o artigo 80º se refere a administradores de facto, entende, contudo, que ele apenas legitima uma interpretação extensiva dos artigos 72º a 79º.

Ora, parece-nos que a intenção do legislador, na segunda parte do nº 2 do artigo 17º do CSC, foi a mesma que o inspirou na redacção dos dois artigos referidos. É que, como iremos ver adiante, as razões que presidem à proibição dos acordos parassociais que respeitam à conduta de intervenientes no exercício de funções de administração farão sentir-se quer o administrador tenha sido eleito para o cargo, com respeito por todas as regras, quer não o tenha sido ou o seu título padeça de qualquer irregularidade.

OS ACORDOS PARASSOCIAIS SOBRE A ACTUAÇÃO DOS MEMBROS

administração e de fiscalização,[25] o que constitui o reverso da proibição cominada no nº 3. Ou seja, desta vez, o que o legislador pretendeu foi evitar que os administradores actuassem sob a direcção ou influência dos sócios, o que se traduziria numa delegação de poderes, expressamente proibida pelo nº 5 do artigo 252º, no caso das sociedades por quotas, e pelo nº 6 do artigo 391º, para as sociedades anónimas. Esta proibição não se aplicará, contudo, apenas aos acordos de voto que analisámos anteriormente. Aplicar-se-á, sim, a qualquer acordo que estabeleça compromissos respeitantes às actividades de gestão, interferindo em condutas dos administradores, estipulando a obrigação de lhes dar instruções, ou indicando quando é que devem ou não conceder determinada autorização.[26]

Ora, como bem se vê, este preceito condiciona fortemente a liberdade de conteúdo dos acordos parassociais. Desde logo, porque um dos tradicionais objectivos assumidos pelos sócios, quando celebravam acordos parassociais, era assegurar o controlo directo sobre a actividade de administração da sociedade em que detinham participações sociais, controlo esse que era conseguido, em alguns casos, mediante

[25] Por razões sistemáticas, apesar de o nº 2 do artigo 17º falar do órgão de administração e do órgão de fiscalização, apenas iremos explorar a proibição dos acordos parassociais que incidam sobre o primeiro.

[26] Também neste sentido, cfr. LEAL, Ana Filipa, "Algumas notas sobre a parassocialidade no Direito português", *Revista de Direito das Sociedades*, ano I (2009), II, p. 162; e VENTURA, Raul, *Estudos Vários Sobre Sociedades Anónimas*, Coimbra, Almedina, 1992, p. 70.

ACORDOS PARASSOCIAIS

a assunção de compromissos pelos administradores, no sentido de seguirem determinadas orientações, que já se encontravam assentes no acordo, ou que seriam definidas pelos sócios, posteriormente. Noutros casos, eram os próprios sócios que, no acordo parassocial, se comprometiam a dar instruções aos membros do órgão de administração que tivessem elegido. Tudo isto numa época em que prevalecia ainda a ideia de que os sócios, no seu conjunto, eram soberanos e podiam dispor de todos os assuntos relativos à sociedade e de que "os administradores eram meros mandatários temporários".[27] Mais tarde, com o reconhecimento de que a administração deveria desenvolver a sua actividade em torno do objecto social, tanto num plano interno, como nas relações externas, a doutrina reclamou um alargamento das funções daquele órgão e o estabelecimento de uma inviolável esfera de competências que a assembleia deveria respeitar, vindo o legislador a determinar, posteriormente, um princípio de responsabilidade pelas suas condutas.[28]

Devido a esse passado histórico e à tendência natural que os sócios têm para tentar influenciar a actuação dos órgãos e o destino da sociedade, esta é

[27] SANTOS, Mário Leite, *Contratos parassociais e acordos de voto nas sociedades anónimas*, Lisboa, Edições Cosmos, 1996, p. 217, em referência ao artigo XIII, parte I, liv. II, tit. XII, secção 1 do Código Comercial de Ferreira Borges.
[28] Cfr. artigo 17º do Decreto-Lei nº 49381, de 15 de Novembro de 1969.

OS ACORDOS PARASSOCIAIS SOBRE A ACTUAÇÃO DOS MEMBROS

ainda uma das limitações mais frequentemente violadas, na prática societária, o que leva alguns autores, numa tentativa de evitar um encargo demasiado pesado para as nossas pequenas empresas, a defender uma interpretação restritiva do preceito.[29]

Em nosso entender, uma tomada de posição sobre esta questão apenas poderá ser feita depois de definido o exacto alcance da proibição cominada no nº 2 do artigo 17º. Para isso, teremos que perceber quais os princípios que subjazem a esta norma, para podermos, posteriormente, determinar em que circunstâncias especiais é que esta poderá ou deverá ceder.

---

[29] Entende Fernando Galvão Telles ("União de contratos e contratos para-sociais", *Revista da Ordem dos Advogados* 11º (1951), 1-2, p. 101) que essa regra geral poderá ter que ceder perante as exigências da prática, quando a declaração de invalidade do acordo gere ainda mais prejuízo para a sociedade do que o próprio acordo. Já António Menezes Cordeiro (*Manual de Direito das Sociedades*, I, Coimbra, Almedina, 2004, p. 584), apesar de entender que a limitação do nº 2 do artigo 17º faz todo o sentido, em face da nossa legislação mercantil, defende uma interpretação restritiva do preceito, uma vez que as pequenas empresas portuguesas concorrem com empresas estrangeiras, que não se vêem confrontadas com este tipo de limitações, saindo demasiado penalizadas. Por sua vez, António Pereira de Almeida (ALMEIDA, António Pereira de, *Sociedades Comerciais: completamente reformulado de acordo com o Decreto-Lei nº 76-A/2006*, 4ª ed., Coimbra, Coimbra Editora, 2006, p. 296) é de opinião que só não devem ser permitidas as cláusulas que imponham aos titulares dos órgãos condutas concretas, sendo já de admitir os que impõem uma maioria qualificada ou a unanimidade para a tomada de certas decisões.

ACORDOS PARASSOCIAIS

4.1. O respeito pelo princípio da tipicidade e pela distribuição legal de competências.

Em primeiro lugar, o nº 2 do artigo 17º terá tido por base o respeito pelo princípio da tipicidade[30] e pela imperativa divisão de competências entre os órgãos, prevista no Código das Sociedades Comerciais. Como afirma Carneiro da Frada, "a possibilidade de celebrar acordos parassociais não envolve, por regra, a faculdade de contornar regras injuntivas de organização e funcionamento da sociedade, nem é aceitável, por princípio, que esses acordos conduzam a uma violação da distribuição legal de competências entre os respectivos órgãos".[31]

Ora, o órgão de administração "detém plenos poderes de gestão e de representação da sociedade, actuando com grande independência face aos accionistas e ao conselho fiscal, devendo subordinar-se às respectivas deliberações apenas nos casos em que a lei ou o contrato de sociedade o determinem".[32] Com efeito, nos termos dos artigos 259º, 260º, 405º, 406º e 409º do Código das Sociedades Comerciais, os

[30] Consagrado logo no nº 3 do artigo 1º do Código das Sociedades Comerciais, este princípio determina que as sociedades, para serem comerciais, terão de adoptar um dos tipos previstos no nº 2 do mesmo artigo, i.e., um dos modelos de regulação das relações entre os diversos intervenientes da sociedade, cujas características se encontram enunciadas ao longo do Código das Sociedades Comerciais.

[31] FRADA, Manuel A. Carneiro da, "Acordos parassociais omnilaterais", *Direito das Sociedades em Revista*, ano I (2009), II, p. 105.

[32] SANTOS, Mário Leite, *Contratos parassociais e acordos de voto nas sociedades anónimas*, Lisboa, Edições Cosmos, 1996, p. 220.

OS ACORDOS PARASSOCIAIS SOBRE A ACTUAÇÃO DOS MEMBROS

gerentes ou administradores têm competência para praticar todos os actos necessários à realização do objecto social, representando a sociedade nas relações externas e optando pelas formas de gestão que considerem convenientes. Estes plenos poderes de gestão serão, contudo, menos amplos nas sociedades em nome colectivo e nas sociedades por quotas do que nas sociedades anónimas. Isto porque, se no artigo 259º do Código das Sociedades Comerciais, se dispõe que "os gerentes têm o dever de exercer a gestão [sempre] com respeito pelas decisões dos sócios", no artigo 405º, o legislador dispôs que os administradores têm "exclusivos e plenos poderes de representação da sociedade", exemplificativamente enunciados no artigo 406º, devendo apenas subordinar-se às deliberações dos sócios e às intervenções do órgão de fiscalização nos casos em que a lei ou o contrato de sociedade o determinarem.[33] Os sócios, por

---

[33] Este preceito poderia, à partida, dar a entender que os sócios podem interferir na gestão da sociedade, bastando para isso que o clausulassem nos estatutos (conferindo ao artigo 405º um carácter meramente dispositivo). A favor desta interpretação, ver MATOS, Albino, *Constituição de sociedades: teoria e prática*, 5ª ed., Coimbra, Almedina, 2001, pp. 241-242; SANTOS, Filipe Cassiano dos, *Estrutura associativa e participação societária capitalística*, Coimbra, Coimbra Editora, 2006, pp. 304-310; e CORDEIRO, António Menezes, *O levantamento da personalidade colectiva no Direito Civil e Comercial*, Coimbra, Almedina, 2000, pp. 51-55, apenas relativamente às sociedades anónimas de estrutura tradicional e monística (entendendo que já assim não será em relação às sociedades de estrutura germânica). Mas alguma doutrina alerta, e bem, em nosso entender, para o facto de este preceito ter que ser

ACORDOS PARASSOCIAIS

conjugado com o nº 3 do art. 373º, norma imperativa, que determina que "sobre matérias de gestão da sociedade, os accionistas só podem deliberar a pedido do órgão de administração". É, assim, ao conselho de administração que compete a iniciativa dessa deliberação, sendo ilícita a cláusula dos estatutos que atribua aos sócios o poder de deliberar sobre matérias de gestão ou que imponha ao conselho de administração o dever de consultar a assembleia. Neste sentido, ver CORREIA, Luís Brito, *Direito Comercial, III – Deliberações dos Sócios*, AAFDL, Lisboa, 1997, pp. 65-66; CORREIA, Miguel Pupo, *Direito Comercial*, 12ª ed., Lisboa, Ediforum, 2011, p. 264; MAIA, Pedro, *Função e Funcionamento do Conselho de Administração da Sociedade Anónima*, Studia Iuridica 62, Coimbra, Coimbra Editora, 2002, pp. 138-142; MARTINS, Alexandre Soveral, *Os Poderes de Representação dos Administradores de Sociedades Anónimas*, Studia Iuridica 34, Coimbra, Coimbra Editora, 1998, pp. 193-206; RAMOS, Maria Elisabete, *Responsabilidade Civil dos Administradores e Directores de Sociedades Anónimas perante os credores sociais*, Studia Iuridica 67, Coimbra, Coimbra Editora, 2002, p. 72; RODRIGUES, Ilídio Duarte, *A administração das sociedades por quotas e anónimas – Organização e estatuto dos administradores*, Lisboa, Livraria Petrony, 1990, pp. 81-82; e VASQUES, José, *Estruturas e conflitos de poderes nas sociedades anónimas*, Coimbra, Coimbra Editora, 2007, pp. 69-85. Outra questão que se coloca é a de se, uma vez requerido à assembleia dos sócios que se pronuncie, estarão os administradores sempre vinculados a essa deliberação. A resposta será clara se atentarmos no artigo 405º, nº 1. Os administradores apenas estarão vinculados às deliberações dos accionistas quando a lei ou o contrato de sociedade o determinarem. Ou seja, não será lícito aos sócios estipularem, no contrato de sociedade, que determinadas matérias de gestão lhes deverão ser confiadas, mas já será válido que estipulem que, uma vez solicitado um parecer pelos administradores, estes ficarão vinculados à deliberação dos sócios. Neste sentido, ver MAIA, Pedro, *Função e Funcionamento do Conselho de Administração da Sociedade Anónima*, Studia Iuridica 62, Coimbra, Coimbra Editora, 2002, p. 158-168; e MARTINS, Alexandre Soveral, *Os Poderes de Representação dos Administradores de Sociedades*

OS ACORDOS PARASSOCIAIS SOBRE A ACTUAÇÃO DOS MEMBROS

Anónimas, Studia Iuridica 34, Coimbra, Coimbra Editora, 1998, pp. 193-202. Contra, *vide* VASQUES, José, *Estruturas e conflitos de poderes nas sociedades anónimas*, Coimbra, Coimbra Editora, 2007, pp. 85-86, que é de opinião que os administradores, a partir do momento em que os solicitem, estarão sempre vinculados aos pareces da assembleia geral; RAMOS, Maria Elisabete Gomes, "A responsabilidade de membros da administração" *Problemas do Direito das Sociedades*, Instituto do Direito das Empresas e do Trabalho, Coimbra, Almedina, 2002, p. 79; Idem, *Responsabilidade Civil dos Administradores e Directores de Sociedades Anónimas perante os credores sociais*, Studia Iuridica 67, Coimbra, Coimbra Editora, 2002, p. 73; e SERENS, M. Nogueira, *Notas sobre a sociedade anónima*, Studia Iuridica 14, Coimbra, Coimbra Editora, 1995, p. 85, que, pelo contrário, entendem que os pareceres da assembleia geral são sempre não vinculativos.

Embora nos pareça, portanto, que é à administração que compete decidir em que casos deve consultar a assembleia dos sócios, entendemos que será prudente ouvi-la quando está em causa uma decisão que poderá constituir especial gravidade para os sócios, como sejam OPA, cisões, fusões, aumentos de capital e outros negócios que impliquem alterações de controlo da sociedade. Veja-se, a este propósito, a decisão do Tribunal Federal Alemão, de 25 de Fevereiro de 1982, conhecida como Holzmüller-Entscheidung, que superou algumas hesitações da jurisprudência. No caso que deu origem a esta acção, a direcção da sociedade-mãe (sociedade anónima) decidiu criar uma sociedade-filha (sociedade em comandita), da qual era a única sócia, e alienar-lhe o seu principal estabelecimento. Nos estatutos da recém-criada sociedade, ficou, contudo, estabelecida a possibilidade de exclusão do direito de preferência da sociedade-mãe num futuro aumento de capital. Ou seja, o que passou a verificar-se, na prática, foi um risco de perda do controlo da sociedade, relativamente ao estabelecimento comercial alienado, que constituía, até então, a sua principal fonte de lucro. Intentada uma acção judicial por um sócio contra a sociedade anónima, entendeu o tribunal que, neste caso, que implicava uma alteração de controlo, a direcção dessa sociedade deveria ter ouvido a assembleia geral, antes

ACORDOS PARASSOCIAIS

sua vez, têm as competências que a lei ou o contrato lhes atribuem, podendo controlar a actividade dos administradores,[34] mas só podem interferir directamente na gestão da sociedade quando tal seja solicitado pelo órgão de administração.

Assim, se não é possível que os sócios se ocupem, por livre iniciativa, de matérias de gestão da sociedade, também não poderão fazê-lo por acordo parassocial. Isto porque permitir acordos parassociais através dos quais os sócios possam interferir nas competências da administração é equivalente ao desrespeito pelas normas legais que delimitam o papel que cada órgão desempenha na sociedade. Acresce ainda que terceiros que interagem com a sociedade deixariam de poder prever o seu funcionamento, já que este poderia ser muito diferente do previsto na lei ou publicitado no pacto.[35]

---

de alienar o estabelecimento. Sobre esta decisão, cfr. CORDEIRO, António Menezes, *O levantamento da personalidade colectiva no Direito Civil e Comercial*, Coimbra, Almedina, 2000, pp. 131-136.

[34] Com efeito, sem prejuízo da actuação dos órgãos de fiscalização e de auditoria, são os accionistas que devem controlar o órgão de administração da sociedade. Assim, é aos sócios que cabe a aprovação das contas do exercício, apresentadas pelo órgão de administração (artigo 376º, nº 1, a)), deliberar sobre propostas de distribuição de resultados (artigo 376º, nº 1, b)) e dar consentimento ao órgão de administração para determinadas categorias de actos (artigo 442º). Por outro lado, os sócios poderão manifestar a sua desconfiança, face à actuação do órgão de administração (artigos 376º, nº 1, c) e 455º, nº 2 e 3), bem como destituir os seus membros (artigos 376º, nº 1, c), 391º, nº 1 e 425º, nº 1 b)) e exercer o seu direito à informação (artigo 288º).

[35] Como pode ler-se em JUGLART, Michel de, IPPOLITO, Benjamin, *Les sociétés commerciales – cours de droit commercial*, Paris, Montchrestien,

OS ACORDOS PARASSOCIAIS SOBRE A ACTUAÇÃO DOS MEMBROS

Assim, se a primeira razão para a proibição do nº 2 do artigo 17º do Código das Sociedades Comerciais é a delimitação legal de competências dos órgãos de administração, facilmente se compreenderá que essa proibição terá um alcance diferente nas sociedades por quotas e nas sociedades anónimas, uma vez que não serão proibidos os acordos de voto que

1999, 122, "Ce qu'il faut c'est assurer la sécurité des tiers et les mettre à l'abri des surprises". Também sobre este aspecto, ver CORDEIRO, António Menezes, *Manual de Direito das Sociedades*, I, Coimbra, Almedina, 2004, pp. 583-584; LEAL, Ana Filipa, "Algumas notas sobre a parassocialidade no Direito português", *Revista de Direito das Sociedades*, ano I (2009), II, p. 161; e SILVA, João Calvão da, *Estudos Jurídicos (pareceres)*, Coimbra, Almedina, 2001, pp. 237-239. De facto, a imperatividade destas normas societárias, para além de assegurar a autonomia de cada órgão, visa essencialmente proteger interesses de terceiros que não são partes no acordo parassocial. Por isso, apenas quando esses interesses de terceiros não estão em jogo e quando os acordos parassociais são omnilaterais, i.e., são celebrados por todos os sócios de uma sociedade, parece que cessa a razão da proibição. Assim, Manuel A. Carneiro da Frada (FRADA, Manuel A. Carneiro da, "Acordos parassociais omnilaterais", *Direito das Sociedades em Revista*, ano I (2009), II, p. 108) defende uma redução teleológica do artigo 17º, nº 2, nesses casos, introduzindo uma ideia de desconsideração da personalidade jurídica da sociedade e das regras societárias, porque "salvaguardadas certas condições, nada justifica impor aos sócios aquilo que eles – todos eles – declararam, uns perante os outros, não querer; ou não admitir aquilo que eles unanimemente quiseram". Com opinião divergente, cfr. GUYON, Yves, *Les sociétés : aménagements statutaires et conventions entre associés*, 4-ème éd., Paris, LGDJ, 1999, p. 404, que afirma: "il paraît difficile de tolérer la coexistence d'une organisation officielle et d'une hiérarquie parallèle occulte, résultant d'accords extra-statutaires, même si ceux-ci lient tous les associés."

ACORDOS PARASSOCIAIS

incidam sobre matérias relacionadas com a gestão da sociedade, mas sobre as quais os sócios podem deliberar.[36/37] Diferentemente, os acordos parassociais que, não constituindo acordos de voto, incidem sobre matérias de gestão e estabelecem a obrigação de dar instruções acerca da forma de exercício das funções de administração, serão proibidos pelo nº 2 do artigo 17º do CSC, uma vez que se traduzem na intromissão nos poderes de gestão dos órgãos de administração.[38] Não podendo interferir nessa gestão, à assembleia geral cabe apenas a apreciação do desempenho do órgão de administração, que se poderá traduzir, em caso de descontentamento, como já se disse, em voto de desconfiança ou em destituição.

[36] Neste sentido, ver CORDEIRO, António Menezes, "Acordos Parassociais", *Revista da Ordem dos Advogados* 61º (2001), II, p. 541; LEAL, Ana Filipa, "Algumas notas sobre a parassocialidade no Direito português", *Revista de Direito das Sociedades*, ano I (2009), II, p. 161; TRIGO, Maria da Graça, *Os acordos parassociais sobre o exercício do direito de voto*, 2ª ed., Lisboa, Universidade Católica Editora, 2011, p. 150; SANTOS, Mário Leite, *Contratos parassociais e acordos de voto nas sociedades anónimas*, Lisboa, Edições Cosmos, 1996, p. 217; e VENTURA, Raul, *Estudos Vários Sobre Sociedades Anónimas*, Coimbra, Almedina, 1992, p. 70.

[37] São exemplos de matérias de gestão para as quais os sócios têm competência a aquisição de participações em sociedades de responsabilidade limitada (artigo 11º, nº 2 e 3) e a distribuição de bens e dividendos aos sócios (artigo 31º, nº 1 e 294º, nº 1).

[38] Com opinião semelhante, cfr. TRIGO, Maria da Graça, *Os acordos parassociais sobre o exercício do direito de voto*, 2ª ed., Lisboa, Universidade Católica Editora, 2011, p. 151; e VENTURA, Raul, "Acordos de Voto: algumas questões depois do Código das Sociedades Comerciais", *O Direito*, I-II, 1992, p. 70.

4.2. O interesse social.

Outro dos motivos da imposição do limite consagrado no nº 2 do artigo 17º prende-se com a protecção do interesse social. Com efeito, os administradores são eleitos para, no exercício das suas funções de gestão e de representação, prosseguirem, em primeira linha, o interesse da sociedade. Não poderão, portanto, privilegiar o interesse dos sócios que os elegem ou os seus próprios interesses, preterindo, consequentemente, o interesse da sociedade. Esta razão está directamente ligada àquela barreira de competências entre os sócios e os administradores, que acabámos de analisar. É que o sócio, quando participa nas deliberações da assembleia geral, embora tenha em vista o sucesso da sociedade, inevitavelmente defende também os seus próprios interesses, estando numa posição de parcialidade.[39] O administrador, pelo contrário, tem obrigação de diligenciar apenas pelo desenvolvimento e pela defesa dos interesses da sociedade e deve fazê-lo, "com a diligência de um gestor crite-

---

[39] Como reflecte, e bem, Maria de Fátima Ribeiro (*A tutela dos credores das sociedades por quotas e a "desconsideração da personalidade jurídica"*, Coimbra, Almedina, 2009, pp. 524-526), "quando se fala em interesse comum aos sócios, não se pretende afirmar que os sócios só têm esse interesse. Na realidade, eles são portadores de outros interesses (não coincidentes) (...) [que] subsistem ao longo da vida da sociedade". No mesmo sentido, ver SANTOS, Filipe Cassiano dos, *Estrutura associativa e participação societária capitalística*, Coimbra, Coimbra Editora, 2006, p. 248, que se refere a estes interesses como aqueles que "estão colocados num plano externo relativamente ao contrato."

ACORDOS PARASSOCIAIS

rioso e ordenado",[40] devendo agir "no interesse da sociedade, atendendo aos interesses de longo prazo

[40] Apesar de ter conservado a expressão "diligência de um gestor criterioso e ordenado", enquanto juízo complementar da actuação dos administradores, o artigo 64º, na redacção dada pelo Decreto-Lei nº 76-A/2006, de 29 de Março, explicita agora os concretos deveres que aqueles devem observar. Em primeiro lugar, os administradores têm um dever de cuidado, devem administrar a sociedade, orientando--a para a prossecução do interesse social. Nessa medida, são exigidas aos administradores determinadas competências técnicas, que estes devem verificar se possuem, antes de aceitar o cargo. É-lhes também exigido tempo para adquirir novos conhecimentos e competências específicos, que deverão aplicar na sua actividade. Este dever pode dividir-se em três vertentes: dever de controlo e de vigilância da organização da sociedade, do seu desempenho e da sua evolução económico-financeira, procurando aceder a toda a informação disponível, solicitando-a, se necessário; dever de preparar adequadamente as suas decisões, tratando a informação recolhida e adaptando-a às circunstâncias do caso; e dever de optar por decisões razoáveis, de entre as várias disponíveis, tomando em consideração os ensinamentos da economia, da gestão e da boa prática. O legislador prevê, para a avaliação do desempenho do administrador, não o critério do bom pai de família, mas um critério mais exigente: o do gestor criterioso e ordenado. Contudo, como não existem certezas no âmbito da gestão, e a evolução da economia depende de um grande número de variáveis, o legislador permite também uma razoável margem de discricionariedade. Ou seja, administrador não viola o dever de tomar decisões razoáveis se "escolhe, não a melhor solução, mas uma das soluções compatíveis com o interesse da sociedade" (ABREU, J. M. Coutinho de, "Deveres de cuidado e de lealdade dos administradores e interesse social", *Reformas do Código das Sociedades*, Instituto do Direito das Empresas e do Trabalho, Coimbra, Almedina, 2007, p. 21), mesmo que tal se venha a revelar danoso para a sociedade. Por outro lado, os administradores têm um dever de lealdade, i.e., um dever de procurar

OS ACORDOS PARASSOCIAIS SOBRE A ACTUAÇÃO DOS MEMBROS

dos sócios e ponderando os interesses dos outros sujeitos [...] tais como os seus trabalhadores, clientes e credores".[41] Esta referência aos sócios, trabalha-

exclusivamente satisfazer o interesse da sociedade, "abstendo-se [...] de promover o seu próprio benefício ou interesses alheios" (ABREU, J. M. Coutinho de, "Deveres de cuidado e de lealdade dos administradores e interesse social", *Reformas do Código das Sociedades*, Instituto do Direito das Empresas e do Trabalho, Coimbra, Almedina, 2007, p. 21), o que os afasta dos sócios, que também procuram satisfazer os seus próprios interesses. Apesar de o legislador não ter tipificado algumas exigências de lealdade, a doutrina costuma referir-se à proibição de actuar em conflito de interesses, de concorrer com a sociedade, de abusar do estatuto de administrador, aproveitando oportunidades societárias em benefício próprio, de prosseguir interesses extra-sociais e de agir conscientemente em prejuízo da sociedade. Se os administradores violarem estes deveres, estão sujeitos a responsabilidade civil para com a sociedade e podem ser destituídos com justa causa. Sobre este tema, ver ABREU, J. M. Coutinho de, "Deveres de cuidado e de lealdade dos administradores e interesse social", *Reformas do Código das Sociedades*, Instituto do Direito das Empresas e do Trabalho, Coimbra, Almedina, 2007, pp. 15-47; ALMEIDA, António Pereira de, *Sociedades Comerciais: completamente reformulado de acordo com o Decreto-Lei nº 76-A/2006*, 4ª ed., Coimbra, Coimbra Editora, 2006, pp. 219-228; CORDEIRO, António Menezes, "Os deveres fundamentais dos administradores das sociedades", *Revista da Ordem dos Advogados* 66º (2006) II, pp. 443-488; FRADA, Manuel A. Carneiro da, "A *Business Judgment Rule* no quadro dos deveres gerais dos administradores", *Revista da Ordem dos Advogados* 67º (2007), I, pp. 159-205; RAMOS, Maria Elisabete, *Responsabilidade Civil dos Administradores e Directores de Sociedades Anónimas perante os credores sociais*, Studia Iuridica 67, Coimbra, Coimbra Editora, 2002, pp. 80-96; e RODRIGUES, Ilídio Duarte, *A administração das sociedades por quotas e anónimas – Organização e estatuto dos administradores*, Lisboa, Livraria Petrony, 1990, pp. 172-206.

[41] Artigo 64º, alínea b) do Código das Sociedades Comerciais.

dores, clientes e credores pode parecer contrariar o dever de o administrador gerir a sociedade em consonância com o interesse dela. Mas não há aqui qualquer incongruência. É que o legislador, ao contrário do que fez em muitos outros artigos do Código das Sociedades Comerciais, em que consagrou uma teoria contratualista de interesse,[42] optou, no artigo 64º, por uma teoria institucionalista,[43] o que significa que o interesse social será o interesse comum, não apenas aos sócios,[44] mas também a outros sujeitos que intera-

---

[42] Ver p. 24, nota 13.

[43] Entendemos que o artigo 64º tem uma vertente institucionalista, uma vez que, não se referindo ao interesse social exclusivamente como confluência dos interesses dos sócios, dirige aos administradores a tarefa de, sem prejuízo dos interesses dos sócios, atender também aos interesses dos trabalhadores, clientes e credores. O interesse da sociedade será, assim, não apenas a reunião do interesse isolado de cada sócio, mas o resultado da conjugação dos interesses comuns a sócios e trabalhadores. Em sentido convergente, ver ABREU, J. M. Coutinho de, "Deveres de cuidado e de lealdade dos administradores e interesse social", *Reformas do Código das Sociedades*, Instituto do Direito das Empresas e do Trabalho, Coimbra, Almedina, 2007, p. 35; Idem, *Curso de Direito Comercial*, II, Coimbra, Almedina, 2010, pp. 296-310; Idem, *Da Empresarialidade – As Empresas no Direito*, Coimbra, Almedina, 1996, pp. 227-233; ALMEIDA, António Pereira de, *Sociedades Comerciais: completamente reformulado de acordo com o Decreto-Lei nº 76-A/2006*, 4ª ed., Coimbra, Coimbra Editora, 2006, p. 90. Assumindo uma posição mais contratualista, ver VENTURA, Raul, *Sociedades por quotas*, III, Coimbra, Almedina, 1996, pp. 148-151.

[44] Os administradores têm o dever de prosseguir os interesses comuns a todos os sócios, "não beneficiando uns em detrimento dos outros" (ABREU, Coutinho de, *Da Empresarialidade – As Empresas no Direito*, Coimbra, Almedina, 1996, p. 230).

gem com a sociedade, nomeadamente trabalhadores[45]
e credores[46]. É este interesse que os administradores

---

[45] O dever de prosseguir os interesses dos trabalhadores prender-se-á com a preocupação de conservação de postos de trabalho, com a atribuição de remunerações justas e equitativas, com a criação de condições de trabalho dignas, com o investimento em organizações sociais, etc. Embora parte da doutrina entenda que a referência aos interesses dos trabalhadores é dispensável, uma vez que eles já se encontram regulados em legislação laboral, e que constitui apenas uma expressão sem grande conteúdo e desresponsabilizadora dos administradores (VENTURA, Raul, *Sociedades por quotas*, Coimbra, Almedina, p. 151), entendemos que a referência aos interesses dos trabalhadores pode aqui ser mais ampla do que as garantias previstas em regulamentação laboral. Neste sentido, ver também Coutinho de Abreu (*Da Empresarialidade – As Empresas no Direito*, Coimbra, Almedina, 1996, p. 232), que refere, e bem, que "as leis laborais, bem como as convenções colectivas de trabalho, não regulam tudo o que se prende com a prestação de trabalho subordinado; e muitos dos aspectos regulados são-no em termos de fixação de limites (mínimos ou máximos). Ora, (...) há espaços de discricionariedade (...) que os gerentes devem preencher, segundo o art. 64º, tendo também em conta os interesses dos trabalhadores." Com efeito, se os trabalhadores beneficiam de normas que lhes asseguram condições de higiene e segurança no trabalho, remunerações justas e protecção contra despedimentos sem justa causa, já não terão direito a outras regalias, nomeadamente a condições de educação para os seus filhos (a construção de infantários é o exemplo mais frequentemente dado pela doutrina). Essas medidas adoptadas pelos administradores, podem, efectivamente, servir de prova de que não agiram com culpa ou atenuar a sua responsabilidade (como nos alerta ABREU, J. M. Coutinho de, "Deveres de cuidado e de lealdade dos administradores e interesse social", *Reformas do Código das Sociedades*, Instituto do Direito das Empresas e do Trabalho, Coimbra, Almedina, 2007, pp. 39-41; Idem, *Curso de Direito Comercial*, II, Coimbra, Almedina, 2007, p. 307; Idem *Da Empresarialidade – As*

deverão ter em vista, quando gerem uma sociedade. Mais difícil será descobrir qual a medida de ponderação de cada um desses interesses, que variará consoante as circunstâncias. Para isso, os administradores deverão, em cada caso, realizar uma tarefa de concordância prática dos diversos objectivos da sociedade, optando pelos interesses que mais se lhes adequam. Assim, sem nunca esquecer que o legislador conferiu mais importância ao interesse da sociedade (o que se prenderá, naturalmente, com a geração de lucro e de expansão da empresa), os administradores devem permitir que os interesses dos sócios e dos trabalhadores influenciem as suas opções empresariais, porque o "dever de lealdade qualificada" do administrador para com a sociedade, não dispensa o "dever

Empresas no Direito, Coimbra, Almedina, 1996, p. 233; e RAMOS, Maria Elisabete, "Aspectos substantivos da responsabilidade civil dos membros do órgão de administração perante a sociedade", *Boletim da Faculdade de Direito* 73º (1997), pp. 232-235), mas poderão também ser reflexamente benéficas para a empresa, porque os trabalhadores são o motor para o desenvolvimento do objecto social. Assim, se a sociedade lhes proporcionar condições dignas para a execução do seu trabalho e lhes assegurar que os seus interesses são acautelados, os seus níveis de satisfação aumentarão, assim como a motivação para contribuir para o desenvolvimento da empresa. Como observa Mário Leite Santos (*Contratos parassociais e acordos de voto nas sociedades anónimas*, Lisboa, Edições Cosmos, 1996, pp. 207-208), trata-se de um instrumento reflexo que não se sobrepõe aos interesses dos sócios, antes os assegura.
[46] O dever de prosseguir os interesses dos credores sociais é, como bem se vê, instrumental do dever de promover a subsistência e o desenvolvimento da sociedade, porque sem eles será impossível prosseguir o escopo lucrativo.

de lealdade comum" para com os outros sujeitos com os quais se relaciona.[47]

Assim, tomando consciência dos diferentes interesses que sócios e administradores defendem, percebemos que, se existirem convenções celebradas entre alguns sócios, ou entre sócios e terceiros, que determinem a forma como os administradores devem agir, elas estarão, à partida, a inquinar a actuação da própria administração, que não estará a realizar o interesse da sociedade mas, naturalmente, o interesse dos sócios que celebraram o acordo. Como tal, esses acordos serão, antes de mais, nulos, porque contrários à lei. Por outro lado, serão inexigíveis, não tendo os administradores qualquer obrigação de cumpri-los. Aliás, não sendo esses acordos conformes ao interesse social, os administradores terão o dever de incumprir, sob pena de responsabilidade para com a sociedade e para com terceiros.[48]

Essa questão não se coloca, porém, nos casos em que, não estando em causa os interesses de outros sujeitos, os sócios celebram um acordo parassocial omnilateral. Nessa hipótese, o acordo traduz a comunhão das vontades de todos os sócios que, reflexamente, será também a vontade societária. Com efeito, ao contrário do que acontece com os acordos

---

[47] FRADA, Manuel A. Carneiro da, "A *Business Judgment Rule* no quadro dos deveres gerais dos administradores", *Revista da Ordem dos Advogados* 67º (2007), I, p. 168.

[48] Neste sentido, ver SILVA, João Calvão da, *Estudos Jurídicos (Pareceres)*, Coimbra, Almedina, 2001, p. 246.

ACORDOS PARASSOCIAIS

parassociais celebrados por apenas alguns sócios, ou por estes e terceiros, em que o interesse vertido será a conciliação de um conjunto de interesses individuais de cada um dos intervenientes, "nos acordos omnilaterais não há possibilidade de separar o interesse da sociedade do interesse dos sócios. A sociedade apresenta-se como mero instrumento".[49] Não estando, portanto, nestes casos especiais, prejudicado o interesse da sociedade, e não estando em jogo interesses de terceiros, os acordos parassociais omnilaterais serão válidos, porque indiciadores do interesse social que os administradores têm o dever de prosseguir, no exercício da sua actividade.

4.3. A responsabilidade dos administradores.[50]
Estando os administradores vinculados ao exercício de uma actividade diligente e leal, sempre com

---

[49] FRADA, Manuel A. Carneiro da, "Acordos parassociais omnilaterais", *Direito das Sociedades em Revista*, ano I (2009), II, pp. 97-135.

[50] Para uma análise cuidada deste tema, cfr., entre outros, ALMEIDA, António Pereira de, *Sociedades Comerciais: completamente reformulado de acordo com o Decreto-Lei nº 76-A/2006*, 4ª ed., Coimbra, Coimbra Editora, 2006, pp. 239-262; NUNES, Pedro Caetano, *Responsabilidade Civil dos Administradores Perante os Accionistas*, Coimbra, Almedina, 2001, pp. 11-55; RAMOS, Maria Elisabete, "Aspectos substantivos da responsabilidade civil dos membros do órgão de administração perante a sociedade", *Boletim da Faculdade de Direito* 73º (1997), pp. 211-250; "A Responsabilidade de Membros da Administração" *Problemas do Direito das Sociedades*, Instituto do Direito das Empresas e do Trabalho, Coimbra, Almedina, 2002, pp. 71-92; "Da responsabilidade civil dos membros da administração para com os credores sociais", *Boletim da*

OS ACORDOS PARASSOCIAIS SOBRE A ACTUAÇÃO DOS MEMBROS

respeito pelo interesse da sociedade, eles são, consequentemente, responsáveis pelos actos que se desviem daqueles deveres. É que o regime da responsabilidade civil dos administradores visa não só a indemnização dos lesados, mas também o controlo preventivo da gestão[51] e a tutela do interesse da socie-

Faculdade de Direito 76º (2000), pp. 251-288; Idem, *Responsabilidade Civil dos Administradores e Directores de Sociedades Anónimas perante os credores sociais*, Studia Iuridica 67, Coimbra, Coimbra Editora, 2002, pp. 65-99; RIBEIRO, Maria de Fátima, *A tutela dos credores das sociedades por quotas e a "desconsideração da personalidade jurídica"*, Coimbra, Almedina, 2009, pp. 457-480; RODRIGUES, Ilídio Duarte, *A administração das sociedades por quotas e anónimas – Organização e estatuto dos administradores*, Lisboa, Livraria Petrony, 1990, pp. 208-230; SERENS, M. Nogueira, *Notas sobre a sociedade anónima*, Studia Iuridica 14, Coimbra, Coimbra Editora, 1995, pp. 92-100; SILVA, João Soares da, "Responsabilidade civil dos administradores da sociedade: os deveres gerais e os princípios da *Corporate Governance*", *Revista da Ordem dos Advogados* 57º (1997), II, pp. 605-628; e VASQUES, José, *Estruturas e conflitos de poderes nas sociedades anónimas*, Coimbra, Coimbra Editora, 2007, pp. 199-207.

[51] Acerca desta função preventiva, que surge lateralmente à principal função da responsabilidade civil dos administradores, a ressarcitória, *vide* RAMOS, Maria Elisabete, "Aspectos substantivos da responsabilidade civil dos membros do órgão de administração perante a sociedade", *Boletim da Faculdade de Direito* 73º (1997), pp. 217-218; Idem, *Responsabilidade Civil dos Administradores e Directores de Sociedades Anónimas perante os credores sociais*, Studia Iuridica 67, Coimbra, Coimbra Editora, 2002, pp. 144-150; e SERENS, M. Nogueira, *Notas sobre a sociedade anónima*, Studia Iuridica 14, Coimbra, Coimbra Editora, 1995, p. 95, que é de opinião que a responsabilidade dos administradores contribui para a "prossecução de interesses mais chegados ao interesse geral de uma boa administração da SA". Sobre a função preventiva na responsabilidade civil, em geral, ver FRADA, Manuel A. Carneiro da,

ACORDOS PARASSOCIAIS

dade, pressionando os gestores ou administradores a cumprir os deveres que lhes são atribuídos por lei. Este regime de responsabilização dos administradores é também, por outro lado, um reflexo da efectiva concentração dos poderes de gestão no órgão de administração, assumindo-se como um mecanismo de controlo da actuação dos seus membros, que tem vindo a profissionalizar-se, nomeadamente nas sociedades anónimas.

Com efeito, os administradores são, nos termos do nº 1 do artigo 72º do Código das Sociedades Comerciais, responsáveis para com a sociedade pelos danos que lhe causem, no exercício das suas funções, em omissão dos seus deveres legais ou contratuais. A ilicitude da conduta dos administradores poderá consistir na violação de disposições, vertidas na lei ou no contrato de sociedade[52] – nomeadamente as que lhes imponham deveres concretos – ou numa violação dos deveres previstos no artigo 64º do Código das Sociedades Comerciais: o dever de cuidado e o dever de lealdade. Quanto à culpa,[53] a lei não a dispensa,

Direito Civil – Responsabilidade Civil: o método do caso, Coimbra, Almedina, 2011, pp. 64-72.

[52] Em conformidade com o que temos vindo a dizer neste trabalho, já não será ilícito o desrespeito de acordos parassociais que violam a distribuição legal de competências entre os órgãos e desrespeitam o interesse social, nem de deliberações dos sócios sobre matérias de gestão, que têm carácter de pareceres não vinculativos.

[53] Sendo a violação dos deveres de cuidado e de lealdade definidora da ilicitude da conduta do administrador, a "diligência do gestor

OS ACORDOS PARASSOCIAIS SOBRE A ACTUAÇÃO DOS MEMBROS

mas presume-a, ao inverter o ónus da prova, o que se explica pelo facto de serem os próprios administradores a disporem de todos os elementos relativos à sua actuação na sociedade, sendo-lhes relativamente fácil justificar as suas condutas e provar que actuaram sem culpa.[54] Será ainda necessário, naturalmente, que haja um dano,[55] mas ficam ressalvados os casos

criterioso e ordenado" deveria ser entendida como um padrão aferidor da culpa. Contudo, como refere, e bem, Carneiro da Frada ("A *Business Judgment Rule* no quadro dos deveres gerais dos administradores", *Revista da Ordem dos Advogados* 67º (2007), I, pp. 162-163), da forma como o legislador configurou o artigo 64º, aquela parece ser uma conduta objectivamente exigível do administrador, pelo que a sua não verificação será também um critério aferidor da ilicitude da conduta. Se o legislador pretendesse atribuir-lhe a função de critério aferidor da culpa, ele deveria ser comum a ambas as alíneas, o que não sucede.

[54] A favor deste entendimento, ver RAMOS, Maria Elisabete, "Aspectos substantivos da responsabilidade civil dos membros do órgão de administração perante a sociedade", *Boletim da Faculdade de Direito* 73º (1997), pp. 211-250. António Pereira de Almeida (*Sociedades Comerciais: completamente reformulado de acordo com o Decreto-Lei nº 76-A/2006*, 4ª ed., Coimbra, Coimbra Editora, 2006, p. 243) é, contudo, da opinião de que cabe à sociedade o ónus da prova de que o administrador violou os deveres fundamentais no artigo 64º, porque será tão acessível à sociedade quanto ao sócio a obtenção dos elementos capazes de provar esta situação de responsabilidade. Não nos parece, todavia, que isso seja possível, se é, na maioria dos casos, o administrador que guarda todos os documentos relativos à administração da sociedade e se tem, inclusive, possibilidade de ocultá-los.

[55] O artigo 72º não dá uma noção de dano, mas a doutrina é unânime em considerar que são relevantes quaisquer factos que atingem um bem, económico ou não, destinado à satisfação do interesse da sociedade.

ACORDOS PARASSOCIAIS

em que esse dano advém, não da actuação negligente ou dolosa do administrador, mas dos riscos do mercado e da normal gestão, uma vez que falta o necessário nexo causal.[56]

[56] Com efeito, a responsabilidade do administrador poderá ser excluída, quando o administrador provar "que actuou em termos informados, livre de qualquer interesse pessoal e segundo critérios de racionalidade empresarial". Como bem se perceberá, este preceito aplica-se apenas aos casos em que está em causa a violação de um dos deveres previstos no artigo 64º, e não a violação de um dever legal ou contratual específico. Como vimos anteriormente, aqueles deveres, ao contrário destes, comportam uma margem de autonomia e discricionariedade, porque o administrador tem que conciliar os diversos interesses em causa e dispõe, em face de todos os elementos recolhidos, de uma panóplia de opções potencialmente aptas a conduzir a resultados favoráveis para a sociedade. Contudo, a actividade de administração envolve riscos, que se prendem, desde logo, com as variações do mercado. E aquilo que aparentava ser uma boa opção, aquando da decisão, e depois de ponderadas todas as informações disponíveis, pode vir a revelar-se danoso para a sociedade. É por isso que o legislador não avalia os resultados obtidos, mas os comportamentos por ele adoptados. Por isso, se o administrador conseguir provar que actuou diligentemente, que cumpriu o seu dever de informação, que empregou todas as suas competências na escolha racional da decisão que entendeu ser mais benéfica para o interesse da sociedade, estará excluída a sua responsabilidade.
Por outro lado, as outras causas de exclusão da responsabilidade dos administradores já se aplicarão tanto no caso da violação de um dever legal ou contratual específico, como nos casos de violação dos deveres previstos no artigo 64º. Assim, nos termos do artigo 72º, nº 3 do Código das Sociedades Comerciais, "não são responsáveis pelos danos resultantes de uma deliberação colegial os gerentes ou administradores que votaram vencidos e os que nela não participaram". Os administradores também não serão responsáveis, nos termos do

OS ACORDOS PARASSOCIAIS SOBRE A ACTUAÇÃO DOS MEMBROS

Para além de responderem perante a sociedade que administram, os gerentes ou administradores podem também responder perante credores,[57] pela violação de disposições legais ou contratuais destinadas a protegê-los quando, dessa violação, resulta a insuficiência do património da sociedade para a satisfação dos créditos (artigo 78º), ou perante sócios[58] e terceiros. Para que respondam perante credores, a lei exige que a conduta dos administradores seja ilícita, ou seja, que se traduza na violação de disposições concretas, exigindo ainda a produção de um

---

nº 5 do artigo 72º, pela sua actuação em cumprimento de (algumas) deliberações tomadas em assembleia de sócios. Para uma análise mais detalhada desta questão, *vide* ABREU, Jorge Manuel Coutinho de, *Governação das Sociedades Comerciais*, Coimbra, Almedina, 2010, pp. 57-62; RAMOS, Maria Elisabete, "Aspectos substantivos da responsabilidade civil dos membros do órgão de administração perante a sociedade", *Boletim da Faculdade de Direito* 73º (1997), pp. 211-250; RODRIGUES, Ilídio Duarte, *A administração das sociedades por quotas e anónimas – Organização e estatuto dos administradores*, Lisboa, Livraria Petrony, 1990, pp. 208-230; e VASQUES, José, *Estruturas e conflitos de poderes nas sociedades anónimas*, Coimbra, Coimbra Editora, 2007, pp. 199-207. Não se verificando nenhuma destas causas de exclusão da responsabilidade, os administradores serão integralmente responsáveis pelas suas condutas.

[57] Sobre a responsabilidade dos administradores perante os credores sociais, veja-se RAMOS, Maria Elisabete Gomes, "Da responsabilidade civil dos membros da administração para com os credores sociais", *Boletim da Faculdade de Direito* 76º (2000), pp. 251-288.

[58] Especificamente sobre a responsabilidade civil dos administradores perante os sócios, ver NUNES, Pedro Caetano, *Responsabilidade Civil dos Administradores Perante os Accionistas*, Coimbra, Almedina, 2001.

ACORDOS PARASSOCIAIS

dano na sociedade, que se reflicta no património do credor. Já assim não será nos casos de responsabilidade para com sócios ou terceiros, prevista no artigo 79º, em que a lei não se basta com danos indirectos, tornando este tipo de responsabilidade verdadeiramente excepcional.[59]

Assim, sendo os administradores responsáveis pelas actividades de gestão da sociedade, ressalvados os casos taxativos[60] em que a lei prevê causas de exoneração da responsabilidade,[61] impõe-se que eles sejam livres no exercício das suas funções, que não estejam condicionados no seu *modus administrandi*,[62]

---

[59] Apesar de a lei dizer que se aplicam as causas de exoneração previstas nos números 2 a 6 do artigo 72º também às situações de responsabilidade perante credores, sócios e terceiros, não parece fazer sentido que possa intervir nestes casos a *Business Judgement Rule*. Isto porque, como se disse, esta causa de exoneração aplica-se quando o administrador violou os deveres gerais previstos no artigo 64º. Ora, aqueles deveres de boa administração só podem ser exigidos pela própria sociedade. Os credores, sócios e terceiros apenas podem reclamar a responsabilidade dos administradores com fundamento em disposições concretas que os protejam, e que não comportam qualquer margem de autonomia que permita uma intervenção da *Business Judgement Rule*.

[60] Taxativos, porque a lei expressamente exclui, no artigo 74º, a possibilidade de cláusulas que afastem a responsabilidade do administrador.

[61] Veja-se a situação do administrador que não participa em determinada deliberação danosa para a sociedade, opondo-se a ela (artigo 72º, nº 3). Cfr. ainda o caso em que os administradores estão vinculados a seguir uma determinada deliberação da assembleia (artigo 72º, nº 5).

[62] Neste sentido, veja-se CUNHA, Paulo Olavo da, *Direito das Sociedades Comerciais*, 5ª ed., Coimbra, Almedina, 2012, p. 176; LEAL, Ana Filipa,

OS ACORDOS PARASSOCIAIS SOBRE A ACTUAÇÃO DOS MEMBROS

sob pena de responderem sem culpa. Por isso, à partida, os sócios não poderão interferir nas matérias que são da competência dos administradores, quer seja por meio de acordos parassociais, quer seja através de qualquer outro mecanismo.

A confirmar esta ideia surge o artigo 83º, nº 4, que estabelece a responsabilidade solidária dos sócios que usam da sua possibilidade de destituir ou de fazer destituir os membros do órgão de administração para, ilicitamente, influenciarem a sua actuação.[63] Apesar de o preceito se referir apenas a uma forma específica de dependência dos administradores em relação aos sócios, entendemos que deverá relevar, para este efeito, qualquer meio de influência que seja adequado

---

"Algumas notas sobre a parassocialidade no Direito português", *Revista de Direito das Sociedades*, ano I (2009), II, pp. 162-163; e Silva, João Calvão da, *Estudos Jurídicos (pareceres)*, Coimbra, Almedina, 2001, pp. 246-248.

[63] Cfr. Vasconcelos, Pedro Pais de, *A participação social das sociedades comerciais*, Coimbra, Almedina, 2006, p. 79, que afirma que não é a responsabilidade solidária dos sócios que os legitima a exercer influência sobre os administradores. É antes a influência que os sócios exercem sobre os administradores, que o legislador sabe ser prática enraizada na vida societária, que justifica este regime. Ou seja, o facto de existir tal regime de responsabilização dos administradores não torna aqueles acordos lícitos. Visa apenas combater o risco de que Yves Guyon (*Les sociétés : aménagements statutaires et conventions entre associés*, 4.ème éd., Paris, LGDJ, 1999, p. 405) fala, quando afirma que "l'intérêt des tiers, et souvent aussi celui des associés minoritaires, serait méconnu par des conventions qui donneraient le pouvoir effectif à d'autres que les dirigeants apparents, notamment parce que la responsabilité des dirigeants occultes risque d'être difficile à établir."

ACORDOS PARASSOCIAIS

a determinar um acto de administração prejudicial.[64] Qualquer poder que seja usado para exercer pressão sobre os administradores, determinando-os a adoptar as condutas que sejam mais apropriadas à prossecução de determinados interesses, em prejuízo dos interesses e do património da sociedade e de outros accionistas, deverá conduzir à responsabilização do sócio. Mas, para isso, é necessário que a influência seja ilícita, i.e., que consubstancie um verdadeiro desrespeito pelas regras de distribuição de competências entre os órgãos e que seja prejudicial para a sociedade, para os sócios ou para terceiros.[65] Como ensina Carneiro da Frada, "tal facto [o exercício de influência] não implica (por si mesmo) nenhuma reprovação e/ou reacção da ordem jurídica enquanto não representar um prejuízo para a sociedade ou os demais sócios".[66] Ou seja, se as instruções dadas pelos sócios, insertas ou não em acordo parassocial, não desrespeitarem o interesse da sociedade e não causarem qualquer dano, poderão ser seguidas pelos administradores.

---

[64] Neste sentido, ver DIAS, Rui Pereira, *Código das Sociedades Comerciais em Comentário*, volume I, Jorge M. Coutinho de Abreu (coord.), Instituto de Direito das Empresas e do Trabalho, Coimbra, Almedina, 2010, p. 962.

[65] Desenvolvidamente, sobre o artigo 83º, nº 4, ver DIAS, Rui Pereira, *Responsabilidade por Exercício de Influência sobre a Administração de Sociedades Anónimas*, Coimbra, Almedina, 2007, pp. 17-139; Idem, *Código das Sociedades Comerciais em Comentário*, volume I, Jorge M. Coutinho de Abreu (coord.), Instituto de Direito das Empresas e do Trabalho, Coimbra, Almedina, 2010, pp. 955-964.

[66] FRADA, Manuel A. Carneiro da, "Acordos parassociais omnilaterais", *Direito das Sociedades em Revista*, ano I (2009), II, p. 117.

Mas se estes entenderem fazê-lo, não é por elas serem vinculativas, mas porque, no exercício da sua liberdade de actuação e discricionariedade, julgaram que aquela opção era a mais adequada à prossecução do interesse social.

Concluímos, assim, que o legislador conferiu aos gerentes e administradores a função de gerir e de representar a sociedade e que apenas em casos excepcionais é que a tomada de decisões sobre a gestão da sociedade passa pelo crivo dos sócios, que procedem às necessárias deliberações, ou quando a lei o prevê, ou quando os administradores lhes solicitam determinados pareceres sobre essas matérias. Assim, em regra, é aos administradores que cabe a escolha do rumo a seguir, porque são eles que detêm os conhecimentos técnicos e a experiência necessária à tomada das decisões mais favoráveis à sociedade e ao desenvolvimento do fim social. São eles que, com alguma margem de liberdade e discricionariedade, estão aptos a tomar decisões racionais conformes com um interesse que não se reduz àquele que resulta da confluência dos interesses dos sócios.

Percebendo este mecanismo de funcionamento das sociedades comerciais, então facilmente se compreende também a proibição do nº 2 do artigo 17º. Se os administradores têm de ser autónomos no exercício das suas funções, não poderão estar vinculados a quaisquer acordos celebrados entre os sócios, ou entre estes e terceiros, que lhes retirem essa independência e que comprometam a prossecução do interesse social.

ACORDOS PARASSOCIAIS

Assim, analisados os objectivos do legislador, ao prever tal proibição, mais facilmente se consegue, agora, alcançar os seus verdadeiros limites, definir que acordos parassociais deverão ser, efectivamente, proibidos e quais os que, pelo contrário, deverão ser admitidos.

5. Consequências do alcance da parte final do nº 2 do artigo 17º

5.1. Acordos relativos à eleição dos administradores.[67]

Na prática, observa-se que os sócios recorrem, muitas vezes, a acordos parassociais para concertarem as suas posições acerca da eleição dos membros do órgão de administração.[68] Uns indicam apenas o número de

---

[67] Especificamente sobre a eleição dos gerentes e administradores, *vide* RODRIGUES, Ilídio Duarte, *A administração das sociedades por quotas e anónimas – Organização e estatuto dos administradores*, Lisboa, Livraria Petrony, 1990, pp. 102-133; VASQUES, José, *Estruturas e conflitos de poderes nas sociedades anónimas*, Coimbra, Coimbra Editora, 2007, pp. 152-178; VENTURA, Raul, *Estudos Vários Sobre Sociedades Anónimas*, Coimbra, Almedina, 1992, pp. 515-528; Idem, *Novos Estudos Sobre Sociedades Anónimas e Sociedades em Nome Colectivo*, Coimbra, Almedina, 1994, pp. 15 e 42; Idem, *Sociedades por quotas, III*, Coimbra, Almedina, 1996, pp. 21-25.

[68] Chamando a atenção para a existência deste tipo de acordos, *vide* ABREU, Jorge Manuel Coutinho de, *Curso de Direito Comercial*, II, 4ª ed., Coimbra, Almedina, 2011, p. 157; CUNHA, Carolina, *Código das Sociedades Comerciais em Comentário*, volume I, Jorge M. Coutinho de Abreu (coord.), Instituto de Direito das Empresas e do Trabalho, Coimbra, Almedina, 2010, pp. 295-296; e VENTURA, Raul, *Estudos*

ACORDOS PARASSOCIAIS

cargos que cada sócio ou grupo de sócios tem o direito de designar, atribuindo-lhes, por essa via, um direito especial. Outros indicam os concretos administradores que serão designados posteriormente, por via deliberativa, revestindo a natureza de acordos de voto.[69] Serão estes acordos válidos, ou incluir-se-ão naquela categoria de acordos proibidos, por incidirem sobre o exercício de funções de administração?

Dispõe a lei, nos artigos 252º, nº 2, 391º, nº 1 e 425º, nº 1 do Código das Sociedades Comerciais, que os gerentes e administradores podem ser designados no contrato de sociedade o que, a acontecer, não dará origem ao problema da existência deste tipo de acordos parassociais. O problema surgirá quando o pacto não dispõe, de todo, acerca da composição do órgão de administração. Na ausência de disposição que indique outra forma de designação dos gerentes ou que determine quem assumirá as funções de

---

Vários Sobre Sociedades Anónimas, Coimbra, Almedina, 1992, pp. 54-55. Cfr. ainda o Acórdão do Supremo Tribunal de Justiça, de 11.03.1999, *Revista de Legislação e Jurisprudência*, 132º (1999), nº 3899, pp. 41-52, um dos poucos casos da jurisprudência portuguesa, que, apesar de centrar a discussão na questão da cláusula penal, versa sobre um acordo parassocial pelo qual os sócios se obrigaram a votar em determinados elementos para integrarem o conselho de administração.

[69] De facto, como se pode observar na Cláusula Segunda do Acordo Parassocial do Anexo A, no seu nº 1, os sócios indicam duas das seis pessoas que assumirão o cargo de administradores da sociedade. E, no nº 2, as partes conferem a dois dos sócios o direito de cada um designar um administrador, comprometendo-se todos os contraentes, no nº 3, a votar os nomes propostos.

CONSEQUÊNCIAS DO ALCANCE DA PARTE FINAL DO Nº 2

gerente ou de administrador, caberá à assembleia dos sócios a eleição dos gerentes das sociedades por quotas (artigo 252º), dos administradores das sociedades anónimas de estrutura monista (artigo 391º), e, se os estatutos assim o determinarem, dos administradores das sociedades anónimas de estrutura dualista (artigo 425º, nº 1, b))[70] e do presidente do conselho de administração (artigo 395º, nº 1).[71] Se assim é, se os sócios têm competência para eleger os membros do órgão de administração, também lhes será lícito estipular, previamente, o sentido do seu voto em assembleia geral, desde que respeitados os limites do artigo 17º.[72]

---

[70] Na ausência de disposição dos estatutos, a nomeação dos administradores caberá ao Conselho Geral e de Supervisão, nos termos da alínea a) do nº 1 do artigo 425º, o que constitui uma redução dos poderes da assembleia geral.

[71] Pelo contrário, no caso de o pacto social nada dizer acerca da designação do presidente do conselho de administração, ela será efectuada pelo próprio órgão, nos termos do artigo 395º, nº 2. Nesses casos, por não disporem de competência, os sócios não podem indicar, no acordo parassocial, quem desempenhará essas funções, sob pena de estarem a imiscuir-se nas funções do órgão de administração da sociedade, em violação da segunda parte do nº 2 do artigo 17º.

[72] É que se é frequente os sócios recorrerem aos acordos parassociais para concertarem as suas posições quanto à eleição de administradores, é também frequente perceber-se, que como contrapartida desses acordos, existem, muitas vezes, outro tipo de benefícios, que constituem vantagens especiais. Ex.: um sócio compromete-se a votar a eleição de um ou mais administradores em troca de financiamento para subscrever um aumento de capital, ou em troca da renúncia a um crédito. Nesses casos, o acordo parassocial será nulo, por violação da alínea c) do nº 3 do artigo 17º.

ACORDOS PARASSOCIAIS

Será também lícito, nas sociedades anónimas, se os estatutos o previrem, um grupo de sócios que represente entre dez e vinte por cento do capital social usar um acordo parassocial para constituir uma lista, a apresentar para eleição isolada de administradores, em cumprimento do disposto nos números 1 a 5 do artigo 392º. Do mesmo modo, um grupo de sócios que represente pelo menos dez por cento do capital social e que vote vencido na eleição dos administradores poderá fazer uso de um acordo parassocial prévio para designar o administrador a que tem direito, por força dos estatutos e do artigo 392º, nº 6 e 7.

É que para além de esta ser uma matéria da competência dos sócios, nem sequer se coloca o problema de os acordos parassociais não poderem dispor sobre o exercício de funções de administração, porque estas são matérias que se situam num momento anterior ao da gestão e que, por isso, estão na disponibilidade dos accionistas.[73] Será, porém, necessário respeitar determinados limites, como a obrigação de escolha de indivíduos com as qualidades técnicas necessárias ao exercício do cargo, sob pena de estar a comprome-

---

[73] Neste sentido, ver SANTOS, Mário Leite, *Contratos parassociais e acordos de voto nas sociedades anónimas*, Lisboa, Edições Cosmos, 1996, pp. 215 e ss.; SEIA, Jorge Alberto de Aragão, "O papel da jurisprudência na aplicação do Código das Sociedades Comerciais", *Problemas do Direito das sociedades*, Instituto do Direito das Empresas e do Trabalho, Coimbra, Almedina, 1992, p. 21; SILVA, João Calvão da, *Estudos Jurídicos (pareceres)*, Coimbra, Almedina, 2001, p. 246; e VENTURA, Raul, *Estudos Vários Sobre Sociedades Anónimas*, Coimbra, Almedina, 1992, pp. 69-70.

CONSEQUÊNCIAS DO ALCANCE DA PARTE FINAL DO Nº 2

ter-se, à partida, o bom desempenho e o interesse da sociedade. Se não o fizerem, cessará o dever de cumprimento do acordo parassocial, não por este incidir sobre condutas dos administradores, mas por prejudicar o interesse social.[74]

Será ainda preciso dar atenção ao problema de os sócios que elegeram os membros do órgão de admi-

---

[74] Neste sentido, ver SANTOS, Mário Leite, *Contratos parassociais e acordos de voto nas sociedades anónimas*, Lisboa, Edições Cosmos, 1996, pp. 215 e ss. Este dever pode ainda ser retirado das consequências que a lei prevê, em caso de *culpa in eligendo*. Ou seja, quando o legislador, nos números 1 a 3 do artigo 83º do Código das Sociedades Comerciais, prevê a responsabilidade solidária pelas condutas danosas do administrador que elegeram, está, indirectamente, a impor-lhes um dever de cuidado, na sua escolha. Com opinião idêntica, ver, entre outros, ALMEIDA, António Pereira de, *Sociedades Comerciais: completamente reformulado de acordo com o Decreto-Lei nº 76-A/2006*, 4ª ed., Coimbra, Coimbra Editora, 2006, p. 239; ASCENSÃO, J. Oliveira, *Direito Comercial, IV – Sociedades Comerciais, Parte Geral*, Lisboa, 2000, p. 291; e DIAS, Rui Pereira, *Código das Sociedades Comerciais em Comentário*, volume I, Jorge M. Coutinho de Abreu (coord.), Instituto de Direito das Empresas e do Trabalho, Coimbra, Almedina, 2010, pp. 952-964. Poderia ainda referir-se que, como o interesse social está em constante mutação, a probabilidade de ser violado seria tanto maior quanto maior a antecedência com que os sócios se comprometessem a eleger determinado indivíduo. No entanto, não podemos concordar com esse entendimento. Uma vez que as características técnicas exigidas para o cargo de administrador são objectivas, dificilmente deixarão de se verificar, mesmo que o tempo que medeie o acordo parassocial da eleição seja muito grande. Ou seja, mesmo que a vontade dos administradores se altere, não se pode dizer que deixou de haver um cuidado na escolha do administrador e, consequentemente, uma violação do interesse social, pelo que o acordo de voto terá que ser considerado lícito.

ACORDOS PARASSOCIAIS

nistração poderem esperar destes a prossecução de alguns dos seus interesses, o que poderá traduzir-se, não numa intromissão directa nas competências do órgão de administração, mas num exercício de influência camuflado e inadmissível.[75] É um problema que pode, de facto, surgir, mas que é de difícil controlo prévio. Assim, parece-nos que os acordos parassociais relativos à eleição de administradores são, em abstracto, admissíveis, mas poderão ser, em concreto, considerados inválidos, tanto nos casos em que os sócios obtêm contrapartidas especiais, como naqueles em que os administradores, comprometendo a sua independência e discricionariedade, vinculem o seu comportamento no exercício da actividade de administração.[76]

Se os sócios podem dispor livremente sobre a eleição dos administradores, já não nos parece lícito, todavia, que estabeleçam, em acordo parassocial, que funções deverão ser desempenhadas por cada um dos

---

[75] Quem nos alerta para este problema é Ana Filipa Leal, em "Algumas notas sobre a parassocialidade no Direito português", *Revista de Direito das Sociedades*, ano I (2009), II, p. 160, n. 107.

[76] Não adoptamos, aqui, uma atitude preventiva, uma vez que nos parece exagerado proibir a celebração de todo e qualquer acordo parassocial que se debruce sobre a eleição dos administradores, tendo apenas como justificação a possibilidade de vir a surgir uma influência prejudicial ao interesse social. Parece-nos, assim, que estes acordos deverão ser considerados válidos e, na eventualidade de se vir a verificar uma influência dos sócios, prejudicial ao interesse social, estes deverão ser responsabilizados, com base no nº 4 do artigo 83º.

CONSEQUÊNCIAS DO ALCANCE DA PARTE FINAL DO Nº 2

elementos eleitos para o órgão de administração.[77] Ou seja, mesmo que os sócios tenham escolhido os administradores pelas suas competências técnicas em determinadas áreas, não poderão impor ao conselho de administração os cargos que cada um desempenhará. Em primeiro lugar, porque, nos termos do artigo 73º, a responsabilidade dos administradores é solidária, pelo que o exercício de funções de administração deverá ser, em princípio, conjunto. Não nos parece razoável que os sócios vedem desde logo a alguns administradores a possibilidade de desempenharem determinadas funções pelas quais poderão, posteriormente, responder. Segundo, porque não tendo o legislador atribuído aos sócios competência para estabelecer uma repartição de competências entre os administradores, somos de opinião que, a existir uma divisão no funcionamento do órgão de administração, ela deverá ser estabelecida pelos seus próprios elementos[78] e, eventualmente, reduzida a escrito, em regimento por eles elaborado. Assim, no

---

[77] Questão diversa será aquela que diz respeito a uma alteração dos *quorum* de funcionamento e deliberativo do conselho de administração, que trataremos *infra*, no ponto 3 do capítulo 5.

[78] Note-se, contudo, que esta divisão feita pelo próprio órgão de administração poderá ter um efeito semelhante ao desejado pelos sócios, nomeadamente nos casos em que as aptidões por eles consideradas sejam manifestas. Por isso, embora os sócios não possam controlar o funcionamento do órgão de administração, por esta não ser uma matéria da sua competência, podem fazer uma escolha dos administradores que conduza, de forma muito provável, aos resultados por si ambicionados.

ACORDOS PARASSOCIAIS

caso de os sócios estabelecerem, em acordo parassocial, não só os administradores que irão eleger, mas
também as funções que cada um deles desempenhará,
estarão a imiscuir-se numa matéria da competência
do próprio órgão de administração, o que constituirá
uma violação da segunda parte do nº 2 do artigo 17º
do Código das Sociedades Comerciais.

5.2. Acordos sobre a fixação de remunerações

Os sócios também costumam integrar em acordos
parassociais a questão da remuneração e da reforma
dos gerentes e administradores.[79]

Ora, nas sociedades por quotas os gerentes têm,
em princípio, direito a uma remuneração pelo seu
trabalho, a menos que os estatutos derroguem esse
direito. Nas sociedades anónimas, pelo contrário, e
pelo que dispõem os artigos 399º e 429º, a remuneração é um elemento essencial da relação de administração, reflectindo a tendência de que falámos já,
de profissionalização do cargo de administrador. Nas
sociedades por quotas e nas sociedades anónimas de
estrutura monista, a remuneração é determinada
pelos sócios[80], em função do trabalho prestado e da

---

[79] A propósito da frequência dos acordos sobre a remuneração
dos administradores, *vide* CORREIA, Luís Brito, *Os administradores
das sociedades anónimas*, Coimbra, Almedina, 1993, p. 569. Como
exemplo do que os sócios podem estipular num acordo parassocial,
relativamente à remuneração dos administradores, ver a Cláusula
Terceira do Anexo A.

[80] Ou por uma comissão especial designada para o efeito, no caso das
sociedades anónimas (artigos 399º e 429º).

situação económica da sociedade, e pode consistir num valor fixo ou num valor variável, calculado com base nos lucros distribuíveis. Nas sociedades anónimas de estrutura dualista, a remuneração é fixada pelo conselho geral ou por comissão por ele designada, tendo em conta os mesmos critérios.

No que diz respeito à reforma, apenas os administradores das sociedades anónimas poderão ter direito a ela, nos termos do artigo 402º, se estiver determinado nos estatutos ou se for aprovada em assembleia geral e desde que não exceda a remuneração mais alta dos administradores efectivos.[81]

Assim, nos casos em que a determinação da remuneração dos gerentes ou administradores e da reforma destes últimos é da competência dos sócios, nada parece obstar a que se celebrem acordos parassociais nos quais os sócios discutem valores e determinam o sentido do seu voto. Isto porque, de modo idêntico ao que ocorre com a eleição, a determinação da remuneração e da reforma em nada contende com o desempenho das funções dos membros

---

[81] Sobre o tema da determinação da remuneração e da reforma dos membros do órgão de administração, ver ALMEIDA, António Pereira de, *Sociedades Comerciais: completamente reformulado de acordo com o Decreto-Lei nº 76-A/2006*, 4ª ed., Coimbra, Coimbra Editora, 2006, pp. 229-230; RODRIGUES, Ilídio Duarte, *A administração das sociedades por quotas e anónimas – Organização e estatuto dos administradores*, Lisboa, Livraria Petrony, 1990, pp. 136-172; e VASQUES, José, *Estruturas e conflitos de poderes nas sociedades anónimas*, Coimbra, Coimbra Editora, 2007, pp. 149-150.

ACORDOS PARASSOCIAIS

do órgão de administração, situa-se num momento anterior. Um acordo sobre esta matéria constituirá, assim, um acordo de voto, expressamente admitido pela primeira parte do n.º 2 do artigo 17.º, tendo apenas como limite, naturalmente, os critérios que a lei manda observar na determinação desses valores, já que uma remuneração que exceda os padrões normais poderá constituir uma vantagem especial, o que invalidará o acordo.[82]

A propósito destes limites à remuneração dos administradores, coloca-se a questão de saber se os gerentes ou administradores que são, simultaneamente, sócios da sociedade, o que não raras vezes acontece, podem participar nas deliberações que fixam as suas próprias remunerações ou participar num acordo parassocial sobre essa matéria. Tem sido entendido por grande parte da doutrina e da jurisprudência[83] que esta situação não constitui uma infracção

---

[82] Com opinião idêntica, ver SANTOS, Mário Leite, *Contratos parassociais e acordos de voto nas sociedades anónimas*, Lisboa, Edições Cosmos, 1996, p. 232; e TRIGO, Maria da Graça, *Os acordos parassociais sobre o exercício do direito de voto*, 2ª ed., Lisboa, Universidade Católica Editora, 2011, p. 164.

[83] Ver, neste sentido, RODRIGUES, Ilídio Duarte, *A administração das sociedades por quotas e anónimas – Organização e estatuto dos administradores*, Lisboa, Livraria Petrony, 1990, pp. 138-140; PEREIRA, Joel Timóteo Ramos, "Sociedades Comerciais: Pode um gerente votar em benefício próprio?", *O advogado*, 18.º, Fevereiro de 2002; Acórdão do Tribunal da Relação de Coimbra, de 07.04.1994, processo n.º 971/93, *Colectânea de Jurisprudência*, XIX (1994), tomo II, pp. 24-27; Acórdão do Tribunal da Relação do Porto, de 24.11.1997, processo n.º 1011/97, *Colectânea de Jurisprudência*, XXII (1997), tomo V, pp. 202-206.

CONSEQUÊNCIAS DO ALCANCE DA PARTE FINAL DO Nº 2

directa dos artigos 251º, nº 1 e 384º, nº 6, uma vez que "não estão em causa interesses do sócio externos à sociedade, mas sim interesses inerentes à sua posição social",[84] que não são diametralmente "opostos [aos da sociedade], de tal modo que um deles não possa ser satisfeito sem o sacrifício do outro".[85] Por outro lado, se o gerente ou o administrador, que também é sócio da sociedade, participar num acordo parassocial sobre a sua própria remuneração e esta corresponder a valores adequados ao exercício das suas funções e à situação económica da sociedade, não existirá qualquer vantagem especial, mas uma consequência natural do sentido do voto. Por isso, não estará em causa a proibição da alínea c) do nº 3. O único risco que poderá ocorrer é o de o administrador, usando a sua qualidade de sócio, exercer a sua influência sobre os outros, em proveito próprio, ou mesmo prometer-lhes vantagens especiais, patrimoniais ou não, em troca do seu voto, em violação do nº 3 do artigo 17º. No entanto, como apenas em concreto podemos concluir se ocorre ou não essa violação, entendemos que, nos casos em que cabe aos sócios a determinação da remuneração dos gerentes ou administradores, os acordos parassociais sobre essa matéria são, em abstracto, admissíveis, sem prejuízo de serem considerados nulos se, por essa via, algum ou alguns sócios obtiverem deter-

---

[84] RODRIGUES, Ilídio Duarte, *A administração das sociedades por quotas e anónimas – Organização e estatuto dos administradores*, Lisboa, Livraria Petrony, 1990, p. 139.
[85] VENTURA, Raul, *Sociedades por quotas*, II, Coimbra, Almedina, 1989.

ACORDOS PARASSOCIAIS

minadas vantagens especiais.[86] Não muito diferente
será o caso em que a determinação da remuneração
dos administradores fica a cargo de uma comissão
de accionistas, nomeada pela assembleia geral, e um
grupo de sócios tenta impor, por acordo parassocial,
determinados limites à actuação dessa comissão. Ora,
a comissão de accionistas não é um órgão de administração nem de fiscalização da sociedade, pelo que,
estabelecendo os sócios limites à sua actuação, não
estará aqui em causa a proibição do nº 2 do artigo
17º. Na verdade, a comissão de accionistas, também
designada comissão de vencimentos, não é sequer um
órgão autónomo, nem tem competências próprias. A
determinação das remunerações dos administradores
é sempre da competência da assembleia geral que, por
sua vez, pode delegar naquela comissão. "A comissão
é assim uma promanação da assembleia, com a finali-
dade única de simplificar a fixação dos vencimentos,
que de outro modo, e a serem fixados pela assembleia,
sobrecarregaria esta com convocatórias, publicações
e necessidade de *quorum*, pelo menos no caso em que
a remuneração fosse posterior à eleição e aceitação
do administrador".[87] Assim sendo, e tendo os sócios

---

[86] Mais uma vez, não adoptamos uma atitude preventiva. Entendemos
que o gerente, na qualidade de sócio, mantém o seu direito de voto,
como qualquer outro, sendo o acordo parassocial considerado nulo
apenas na eventualidade de violação da alínea c) do nº 3 do artigo 17º
do Código das Sociedades Comerciais.

[87] Acórdão do Tribunal da Relação do Porto, de 12.12.1994, processo
nº 167/94, *Colectânea de Jurisprudência*, XIX (1994), tomo V, p. 231.

CONSEQUÊNCIAS DO ALCANCE DA PARTE FINAL DO Nº 2

sempre competência para deliberar sobre a remuneração dos administradores, poderão celebrar um acordo parassocial onde determinem algumas directrizes nesse sentido, desde que compatíveis com os limites legais, devendo a comissão submeter-se a elas, sob pena de a assembleia geral avocar o caso e exercer a sua competência, deliberando em sentido diverso.

Se os sócios têm sempre competência para fixar as remunerações dos gerentes e dos administradores, assim como as dos membros do conselho fiscal, nos termos do artigo 422º-A, diga-se que já não poderão pronunciar-se sobre as remunerações de outros indivíduos que colaborem com a sociedade, uma vez que é o conselho de administração o órgão competente para a celebração e negociação dos contratos que entenda fundamentais para o exercício da actividade societária. Assim, caso os sócios procurem, por intermédio de acordo parassocial, determinar que, para o exercício de um cargo, deverá ser contratado certo indivíduo, a quem deverá ser paga determinada remuneração, estarão a imiscuir-se nas funções do órgão de administração e, por isso, o acordo parassocial será nulo, por violação do artigo 17º, nº 2.

5.3. Acordos sobre o *quorum* de funcionamento e sobre o *quorum* deliberativo do conselho de administração

É também frequente os intervenientes de um acordo parassocial procurarem estipular que, para se deliberar sobre determinadas matérias, deverão ser reunidas

ACORDOS PARASSOCIAIS

maiorias qualificadas, ou que é imprescindível o voto de um determinado administrador.[88]

Ora, dispõe o nº 4 do artigo 410º que o conselho de administração não pode deliberar sem a maioria dos seus membros estar presente ou representada, sendo esta exigência imperativa. É que o conselho de administração é um órgão com um número diminuto de membros, pelo que a presença de pelo menos uma maioria é necessária para que não se verifique uma distorção da sua vontade. Por outro lado, não existe a necessidade que se verifica nas assembleias gerais, de contornar o absentismo.[89] Contudo, se não é per-

---

[88] Veja-se o nº 2 da cláusula terceira do exemplo de acordo parassocial apresentado por Paulo Olavo da Cunha (*Direito das Sociedades Comerciais*, 5ª ed., Coimbra, Almedina, 2012, p. 178), em que se prevê que, sobre determinadas matérias, os administradores têm que consultar previamente os accionistas com mais de 15% do capital social e que deliberar por maioria absoluta dos membros em efectividade de funções. Por sua vez, João Calvão da Silva (*Estudos Jurídicos (pareceres)*, Coimbra, Almedina, 2001, pp. 248-251) elabora um parecer sobre um acordo parassocial, cuja cláusula 10.3 dispõe que "as partes diligenciarão para que o Conselho de Administração não tome (...) qualquer deliberação (...) quando o sentido da decisão a tomar não reúna a concordância de, pelo menos, sete membros do Conselho de Administração, incluindo-se obrigatoriamente neste *quorum* os administradores designados pela SONAE e pela 093X.". Ver ainda a Cláusula Quarta do Acordo Parassocial do Anexo A, que determina, no nº 1, que o Conselho de Administração não pode deliberar sem que estejam presentes ou representados todos os seus membros e que, no nº 3, dispõe que, sobre determinadas matérias, este órgão terá que deliberar por unanimidade.

[89] Neste sentido, ver MAIA, Pedro, *Função e Funcionamento do Conselho de Administração da Sociedade Anónima*, Studia Iuridica 62, Coimbra, Coimbra Editora, 2002, pp. 230-245.

CONSEQUÊNCIAS DO ALCANCE DA PARTE FINAL DO Nº 2

mitida a estipulação de um *quorum* de funcionamento menor do que o previsto na lei, nada parece impedir que os sócios exijam a reunião de uma maioria qualificada, ou mesmo de todos os administradores, para que o conselho de administração possa levar a votação determinadas matérias.[90] As funções dos membros do órgão de administração encontram-se profissionalizadas e, por isso, impõem ao administrador uma responsabilidade acrescida. Se assim é, parece ser legítimo que os sócios exijam a presença de todos os administradores que elegeram, evitando o seu alheamento e a tentativa de furtar-se à responsabilidade. E se há quem defenda que esta exigência pode entravar o funcionamento do órgão, diga-se, a esse propósito que, em caso de impossibilidade do administrador, este poderá solucionar o problema, fazendo-se representar por outro administrador ou, caso o contrato de sociedade o permita, votar por correspondência.[91] Assim, parece ser de admitir que os sócios, seja nos estatutos,

[90] É que o nº 4 do artigo 410º do Código das Sociedades Comerciais, ao utilizar uma formulação negativa – "o conselho não pode deliberar sem que esteja presente ou representada a maioria dos seus membros" – parece apontar apenas para a proibição de um *quorum* de funcionamento menos exigente.

[91] Pedro Maia (*Função e Funcionamento do Conselho de Administração da Sociedade Anónima,* Studia Iuridica 62, Coimbra, Coimbra Editora, 2002, pp. 215-229) propõe ainda, para evitar a demora na tomada de decisões, que este *quorum* de funcionamento mais exigente valha apenas em primeira convocatória, nos casos em que a deliberação é da competência exclusiva do órgão de administração e, portanto, a assembleia geral não possa supri-la.

ACORDOS PARASSOCIAIS

seja em acordo parassocial, estabeleçam um *quorum* de funcionamento do conselho de administração mais exigente do que o previsto na lei.

Por outro lado, diz o nº 7 que as deliberações são tomadas pela maioria dos votos dos administradores presentes ou representados e dos que votem por correspondência, ou seja, pela maioria dos votos emitidos.[92] Mas será possível estipular contratualmente que determinadas matérias devem reunir uma maioria qualificada? Existem, evidentemente, argumentos contra o estabelecimento de maiorias deliberativas qualificadas. Em primeiro lugar, a doutrina costuma argumentar que a diferença de redacção do artigo 410º, nº 7, em relação ao artigo 386º do Código das Sociedades Comerciais, não terá sido inocente. O legislador terá pretendido reflectir a diferença de funcionamento de um órgão de reunião esporádica, a assembleia geral, e outro de competência permanente e geral.[93] Argumenta-se ainda, de forma idêntica ao que ocorre com o *quorum* de funcionamento, com a maior dificuldade de adopção de determinadas medidas de gestão, quando o *quorum* deliberativo é mais

[92] Ao contrário do artigo 386º, nº 1, relativo às deliberações em assembleia geral, que, apesar de consagrar a regra da maioria, ressalva a possibilidade de disposição diversa na lei ou no contrato. Neste sentido, ver CORREIA, Luís Brito, "Deliberações do Conselho de Administração de Sociedades Anónimas", *Problemas do Direito das Sociedades*, Instituto do Direito das Empresas e do Trabalho, Coimbra, Almedina, 1992, pp. 529-565.

[93] Neste sentido, ver VENTURA, Raul, *Estudos Vários Sobre Sociedades Anónimas*, Coimbra, Almedina, 1992, pp. 549-550.

exigente, o que pode constituir um entrave ao funcionamento da sociedade. Como refere Pedro Maia, com o estabelecimento de maiorias muito exigentes, cada administrador "terá um verdadeiro poder de veto".[94] No entanto, apesar desse risco, entendemos que as maiorias qualificadas podem contribuir de forma positiva para o funcionamento da sociedade. É que o estabelecimento de uma maioria qualificada pode conferir ao voto de administradores eleitos por minorias de accionistas uma maior importância,[95] e exigir, inclusive, uma maior discussão e ponderação das deliberações, protegendo a sociedade de decisões precipitadas e beneficiando a prossecução do interesse social. Assim, e uma vez que a derrogação dos *quorum* de funcionamento e deliberativo previstos no Código das Sociedades Comerciais só pode ser efectuada pelo contrato de sociedade, ou por maioria equivalente à exigida para alteração do pacto,[96]

---

[94] MAIA, Pedro, *Função e Funcionamento do Conselho de Administração da Sociedade Anónima*, Studia Iuridica 62, Coimbra, Coimbra Editora, 2002, pp. 215-229.

[95] Imaginemos o caso do administrador que foi eleito por uma minoria representativa de 10% do capital social, por força do artigo 392º do Código das Sociedades Comerciais. Se, através de um acordo parassocial, passar a exigir-se a unanimidade, o seu voto ganhará uma relevância acrescida, na medida em que será determinante para a aprovação ou não aprovação da deliberação.

[96] Na eventualidade de um acordo parassocial incidir sobre esta matéria, deverá ser sempre exigida esta maioria qualificada de sócios, para se alterar os *quorum*, uma vez que estas normas visam não só proteger terceiros, como também os próprios sócios.

ACORDOS PARASSOCIAIS

deverá ser deixada a essa maioria "a ponderação entre a facilidade de tomada de deliberações e a ressalva de eventuais interesses de algum grupo deles"[97], desde que não se veja prejudicado o interesse da sociedade, dos sócios ou de terceiros que com ela interajam.[98]

5.4. Acordos que impõem um dever de informação regular

Um dos direitos individuais dos sócios, que tem uma importância acrescida no funcionamento das sociedades, é o direito à informação[99], que se concretiza

---

[97] VENTURA, Raul, *Estudos Vários Sobre Sociedades Anónimas*, Coimbra, Almedina, 1992, p. 550.

[98] Com opinião semelhante, cfr. VENTURA, Raul, *Estudos Vários Sobre Sociedades Anónimas*, Coimbra, Almedina, 1992, pp. 549-550, que, no entanto, apenas se refere à derrogação do artigo 410º, nº 7 no pacto de sociedade. A favor do estabelecimento de cláusulas parassociais que exijam maiorias deliberativas qualificadas, ver ainda ALMEIDA, António Pereira de, *Sociedades Comerciais: completamente reformulado de acordo com o Decreto-Lei nº 76-A/2006*, 4ª ed., Coimbra, Coimbra Editora, 2006, p. 296; ressalvando os interesses de terceiros, cfr. FRADA, Manuel A. Carneiro da, "Acordos parassociais omnilaterais", *Direito das Sociedades em Revista*, ano I (2009), II, p. 117; e, alertando para o interesse social como limite aos acordos parassociais, vide SILVA, João Calvão da, *Estudos Jurídicos (pareceres)*, Coimbra, Almedina, 2001, p. 249. Contra, cfr. MAIA, Pedro, *Função e Funcionamento do Conselho de Administração da Sociedade Anónima*, Studia Iuridica 62, Coimbra, Coimbra Editora, 2002, pp. 215-229, que apenas admite esse *quorum* mais exigente quando estão em causa matérias que podem ser deliberadas em assembleia geral, uma vez que, ocorrendo uma paralisação no conselho de administração, o assunto pode ser deliberado naquele órgão.

[99] A importância deste direito justifica-se por três razões fundamentais. Em primeiro lugar, o exercício dos restantes direitos sociais

CONSEQUÊNCIAS DO ALCANCE DA PARTE FINAL DO Nº 2

depende, em larga medida, da informação que é disponibilizada aos sócios e da sua transparência. E se é verdade que a generalidade dos sócios se alheia do funcionamento da sociedade, não toma conhecimento do seu desempenho e não se preocupa em consultar os documentos que os órgãos colocam à sua disposição, o legislador não tem que resignar-se, face a esta situação, tem antes que promover a integração dos sócios na sociedade, tornando a informação o mais acessível possível, para que estes exerçam os seus direitos de forma consciente. Ou seja, se, em regra, são os sócios que elegem os administradores, devem fazê-lo com base em conhecimentos sólidos, que lhes permitam uma escolha ponderada. Se os sócios estipulam a remuneração dos administradores, devem não só estar a par do real alcance das suas funções e do trabalho que elas exigem, mas também de outras vantagens de que eles beneficiem, para a determinação de um montante justo e legalmente admissível. E assim sucederá com muitas outras decisões, o que faz do direito à informação, na maior parte das vezes, "um direito instrumental relativamente a outros direitos" (CORREIA, Luís Brito, *Direito Comercial, II – Sociedades Comerciais*, AAFDL, Lisboa, 2000, p. 317). Por outro lado, e para que a assembleia geral funcione de forma eficaz, na adopção de medidas conformes com o interesse social, é também importante que os sócios se conheçam mutuamente, que saibam quais os interesses que perfilham e que objectivos têm em comum. E se esta informação é relativamente fácil de obter numa sociedade em nome colectivo ou numa sociedade por quotas de pequena dimensão, já será mais problemático numa sociedade anónima ou numa sociedade por quotas com muitos sócios. Mais, é precisamente nesses casos que as decisões são mais difíceis de tomar, uma vez que o capital social se encontra disperso, dividido por um grande número de accionistas, na sua maioria com participações pouco expressivas. É nestes casos que a coordenação de esforços é importante, uma vez que só trocando informações e opiniões é que é possível chegar-se a consensos e submeter à assembleia propostas viáveis. Como facilmente se compreende, apenas se for prestada informação sobre o número de sócios e sobre o peso de cada um na sociedade, será possível a

ACORDOS PARASSOCIAIS

de diversas formas. Se, por um lado, existe a informação que é obrigatoriamente prestada aos sócios independentemente de qualquer requerimento, e que se traduz na submissão de determinados documentos à aprovação em assembleia geral,[100] por outro

discussão de temas e a eventual elaboração de propostas conjuntas, que poderão ou não ser integradas em acordos parassociais, onde os sócios, em relação a certa matéria, se obrigam a votar num determinado sentido. Por fim, o direito à informação é também um importante meio ao dispor da fiscalização da actuação da sociedade, que pode ser feita pelos órgãos do mercado ou pelos próprios sócios, que não podem interferir na gestão da sociedade, mas que têm a possibilidade, como vimos, de destituir os administradores, quando entendam que estes não desempenham da melhor forma as funções de que estão incumbidos. A luta contra o desinteresse dos accionistas é, portanto, também um esforço em prol de um melhor funcionamento da sociedade e de um controlo apertado da actuação dos administradores, que, se não for fiscalizada, poderá causar graves danos à sociedade. Sobre o dever de informação como incentivo ao cumprimento, pela administração, dos seus deveres perante a sociedade, ver GOMES, José Ferreira, "Os deveres de informação sobre negócios com partes relacionadas e os recentes Decretos-Lei nº 158/2009 e 185/2009", *Cadernos do Mercado de Valores Mobiliários* 33º, Agosto de 2009, p. 111.

[100] Referimo-nos à obrigação prevista nos artigos 65º e 66º, no artigo 189º, nº 3, para as sociedades em nome colectivo, 263º e 264º, para as sociedades por quotas, e 376º e 452º, para as sociedades anónimas, de o órgão de administração elaborar um relatório anual de gestão e documentos de prestação de contas e de aplicação de resultados, que reflictam, de forma verdadeira e clara, o desempenho da sociedade, durante o exercício anterior, e a situação financeira em que se encontra. Este dever dos administradores relaciona-se com aquele poder de que falámos de os sócios não poderem interferir na gestão corrente da sociedade, por essa ser uma competência do órgão de

CONSEQUÊNCIAS DO ALCANCE DA PARTE FINAL DO Nº 2

lado, estabelece a alínea c) do nº 1 do artigo 21º que os sócios têm o direito a obter informações sobre a vida da sociedade, nos termos da lei e do contrato, o que "consiste, grosso modo, na possibilidade de solicitar ao órgão habilitado para tal (...) esclarecimentos, dados, elementos, notícias, descrições sobre factos, actuais e futuros, que integrem a vida e a gestão da sociedade, incluindo a possibilidade de dirigir essa solicitação em assembleia geral".[101] Não sendo este direito ilimitado, sob pena de pôr em risco a sobrevivência da sociedade, cabe à lei, em primeiro lugar, e ao pacto social, subsidiariamente, regulamentar o seu exercício.[102] Assim, os sócios têm o direito de requerer

administração, mas poderem controlar as actividades de gestão e de, em caso de descontentamento, destituir os administradores por eles eleitos. Assim, todos os membros devem participar na elaboração do relatório, no qual expõem a evolução dos negócios da sociedade, os investimentos feitos e os custos correspondentes, onde classificam o desempenho da sociedade e a sua posição no mercado, bem como os riscos e incertezas com que ela se defronta. Esta análise, o mais completa possível, deve permitir aos sócios uma percepção da situação real em que a sociedade se encontra e quais as perspectivas futuras, de modo a que estes possam fazer uma avaliação do rumo que está a ser tomado pelo órgão de administração.

[101] TORRES, Carlos Maria Pinheiro, *O direito à informação nas sociedades comerciais*, Coimbra, Almedina, 1998, p. 122.

[102] Essa regulamentação surge no artigo 181º, para as sociedades em nome colectivo, no artigo 214º, para as sociedades por quotas, e nos artigos 288º a 290º, para as sociedades anónimas, dividindo este direito genérico em três vertentes: direito de consulta de livros e documentos, direito de requerer inquérito judicial e direito de inspeccionar os bens sociais, que se encontra vedado aos accionistas das sociedades

ACORDOS PARASSOCIAIS

informações preparatórias, antes de uma assembleia geral, que terão em vista um melhor conhecimento da situação da sociedade e o esclarecimento dos objectivos a seguir. Por outro lado, os sócios das sociedades de capitais podem ainda, no decurso da assembleia, pedir determinados esclarecimentos que se mostrem relevantes para as deliberações a tomar, sendo, nesse caso, necessário que reúnam pelo menos 10% do capital social. Ou seja, só serão prestados esclarecimentos aos sócios que, no seu conjunto, tenham um peso significativo na deliberação. Por fim, os sócios têm um direito mínimo à informação sobre os documentos da sociedade, direito esse que se encontra limitado, nas sociedades anónimas, aos sócios com 1% do capital social.

Estas normas, que exigem que os sócios tenham participações que perfaçam um mínimo do capital

anónimas. Apesar de parte da doutrina entender que este direito deve ser concedido aos accionistas, por força do artigo 21º, nº 1 c), somos de opinião que, se o legislador optou por não o regular expressamente, no capítulo relativo às sociedades anónimas, quando o fez nos capítulos relativos aos outros tipos sociais, não terá sido por acaso. E, na ausência de tal regulamentação, não nos parece que o artigo 21º, que remete precisamente para ela, seja suficiente para se conceder tal direito aos accionistas. Estes terão apenas o direito de solicitar por escrito informações sobre os bens da sociedade. Com opinião idêntica, ver TORRES, Carlos Maria Pinheiro, *O direito à informação nas sociedades comerciais,* Coimbra, Almedina, 1998, pp. 124-125. A favor da concessão deste direito aos accionistas das sociedades anónimas, cfr. CORREIA, Luís Brito, Direito Comercial, *II – Sociedades Comerciais,* AAFDL, Lisboa, 2000, p. 319.

social, visam evitar que os sócios com um peso diminuto, que existem nomeadamente nas sociedades cotadas em bolsa, exerçam o seu direito de forma abusiva e perturbem a actividade da sociedade. Contudo, entendemos que será lícito aos sócios celebrar acordos parassociais que lhes permitam um exercício colectivo deste direito individual condicionado. Em primeiro lugar, porque, como vimos inicialmente, o direito à informação visa precisamente facilitar o acesso dos sócios a determinadas matérias, incentivando-os a uma participação mais activa na sociedade, pelo que restringir esta possibilidade seria incompatível com esse objectivo. Por outro lado, porque o exercício deste direito por um sócio que detenha 1% do capital social não será menos intrusivo que o exercício do mesmo direito por dois sócios que detenham 0,5 % do capital, cada um. Aliás, como alerta Sofia Ribeiro Branco, 0,9% do capital de uma sociedade anónima cotada em bolsa poderá "representar um investimento significativo na sociedade",[103] pelo que o accionista que detenha essa percentagem do capital terá um "interesse respeitável na sociedade".[104] Assim, parecerá injustificado proibir que um sócio com menos de 1% do capital se associe com outro

---

[103] BRANCO, Sofia Ribeiro, *O direito dos accionistas à informação*, Coimbra, Almedina, 2008, pp. 323-324.

[104] VENTURA, Raul, *Novos Estudos Sobre Sociedades Anónimas e Sociedades em Nome Colectivo*, Coimbra, Almedina, 1994, p. 135.

ACORDOS PARASSOCIAIS

sócio, procurando perfazer o limite mínimo necessário à obtenção de informações.[105]

[105] A favor, cfr. ABREU, Jorge Manuel Coutinho de, *Curso de Direito Comercial*, II, 4ª ed., Coimbra, Almedina, 2011, p. 261; BRANCO, Sofia Ribeiro, *O direito dos accionistas à informação*, Coimbra, Almedina, 2008, pp. 328-330; CORDEIRO, António Menezes, *Manual de Direito das Sociedades*, II, Coimbra, Almedina, 2007, p. 590; e VENTURA, Raul, *Novos Estudos Sobre Sociedades Anónimas e Sociedades em Nome Colectivo*, Coimbra, Almedina, 1994, pp. 134-135. Com opinião diversa, *vide* TRIUNFANTE, Armando Manuel, *A tutela das minorias nas sociedades anónimas – direitos de minoria qualificada e abuso de direito*, Coimbra, Coimbra Editora, 2004, pp. 112-113, n. 213; e TORRES, Carlos Maria Pinheiro, *O direito à informação nas sociedades comerciais*, Coimbra, Almedina, 1998, pp. 190-192, que entende que os sócios podem reunir-se, com vista a perfazerem o capital mínimo exigido por lei no caso do direito à informação em assembleia, mas não no caso do direito mínimo à informação. O autor sustenta a sua opinião em dois argumentos. Por um lado, diz que o legislador, no artigo 288º, ao contrário do que sucede no artigo 291º, usa a palavra "accionista", no singular. Por outro, afirma que não há qualquer possibilidade de recusa de informação, como ocorre no caso do direito colectivo. Não nos parece, no entanto, que o argumento literal invocado seja suficiente para fazer uma diferenciação dos regimes. A opção linguística do legislador dever-se-á apenas à suposição razoável de que 10% do capital de uma sociedade anónima, não pertence a um único accionista. Acresce que, apesar de o artigo 288º não conter um preceito semelhante ao nº 4 do artigo 291º, parece ser difícil aceitar que a recusa de informação não possa ter lugar quando os documentos sejam confidenciais ou quando seja de prever que o sócio os utilizará em prejuízo da sociedade. Além do mais, se o nº 1 do artigo 288º exige que o(s) sócio(s) alegue(m) motivo justificado, não se percebe qual será o alcance dessa exigência se o conselho de administração não puder recusar a prestação de informação, quando essas razões não lhe pareçam razoáveis. Por entendermos que será admissível os

CONSEQUÊNCIAS DO ALCANCE DA PARTE FINAL DO Nº 2

Sendo certo que o direito à informação, previsto de forma geral no artigo 21º do Código das Sociedades Comerciais e concretizado na lei ou no pacto de sociedade, pode ser limitado, de forma justificada, desde que não fique impedido o seu exercício efectivo, nomeadamente através de restrições à legitimidade ou de imposição de pressupostos processuais inultrapassáveis, a questão que se coloca agora é a de se ele pode ser alargado, no contrato de sociedade ou em acordos parassociais, ou se, pelo contrário, um alargamento poderá implicar uma intromissão abusiva na gestão da sociedade. Somos de opinião que, com as devidas cautelas, se pode prever esse direito de forma mais alargada.[106] Primeiro, porque a lei nada prevê em contrário. Se o legislador se preocupou, no artigo 214º[107], em dizer que os sócios podem restrin-

sócios disporem sobre o direito à informação, em acordo parassocial, apresentamos, na Cláusula Sétima do Acordo Parassocial do Anexo A, a assunção da obrigação de todos os contraentes subscreverem um pedido de informação conjunto, sempre que qualquer deles que não possua o capital social mínimo exigido por lei.

[106] No mesmo sentido, ver VALE, Rui Guilherme dos Santos do, "As assembleias gerais e os acordos parassociais", *Revista de Direito das Sociedades*, ano II (2010), 1-2, p. 374.

[107] Apesar de esta possibilidade apenas se encontrar prevista para as sociedades por quotas, cremos que também será de aceitar nas sociedades anónimas, que, apesar de terem já um regime mais restritivo, normalmente são constituídas por um grande número de sócios, com participações sociais diminutas. No mesmo sentido, vide ABREU, Jorge Manuel Coutinho de, *Curso de Direito Comercial*, II, 4.ª ed., Coimbra, Almedina, 2011, p. 263.

ACORDOS PARASSOCIAIS

gir o direito à informação, sem, contudo, o coarctar totalmente, nenhuma preocupação manifestou em relação à possibilidade do seu alargamento. Segundo, porque, desde que exercido de forma razoável, este direito em nada contenderá com o interesse da sociedade. Pelo contrário, um esclarecimento, tanto sobre os actos praticados como sobre os actos a praticar, será benéfico para o sócio se inteirar dos negócios da sociedade, para perceber qual o rumo a seguir e, consequentemente, exercer o seu direito de voto em prol do interesse social. E, no caso de a divulgação ser susceptível de prejudicar o interesse da sociedade, ou ocasionar violação do segredo imposto por lei, a recusa de prestação de informação será lícita. Será ainda possível estender o direito à informação não só aos actos praticados ou a praticar, mas também à justificação para a sua prática, uma vez que, na maior parte dos casos, apenas o conhecimento da razão de ser do acto e do juízo valorativo do órgão de administração, em face das circunstâncias do caso, permite perceber o seu verdadeiro alcance.[108] Aliás, é unânime

---

[108] A favor, ver TORRES, Carlos Maria Pinheiro, *O direito à informação nas sociedades comerciais*, Coimbra, Almedina, 1998, pp. 154-155; e VENTURA, Raul, *Sociedades por quotas*, I, pp. 292-293, que é de opinião que o sócio não pode requerer informações sobre justificações de actos praticados, nem juízos valorativos sobre eles, mas que poderá, em casos excepcionais em que o objecto da informação se alarga a actos cuja prática seja esperada, inquirir a intenção da prática de tais actos. Por sua vez, a jurisprudência francesa admite a possibilidade de extensão do direito à informação do sócio, ordenada pelo tribunal, mas apenas

CONSEQUÊNCIAS DO ALCANCE DA PARTE FINAL DO Nº 2

a ideia de que a informação prestada deve ser completa e elucidativa, i.e., deve remover e esclarecer as dúvidas e o desconhecimento acerca dos factos e das justificações para a sua prática.

Esta extensão do direito à informação, que entendemos que pode integrar um acordo parassocial, não parece contender, de forma alguma, com a independência do órgão de administração. Isto porque o exercício do direito à informação pelo sócio não o legitimará a interferir nas opções de gestão, nem lhe dará poder para influenciar o órgão de administração. O direito à informação não abrange a discussão com o órgão, limita-se à recepção de informação que contribuirá para um maior conhecimento dos assuntos da sociedade, pelo sócio, assim como para uma maior fiscalização da actividade de gestão, uma vez que os administradores, que tinham já a obrigação de fazer opções com base em critérios de racionalidade empresarial, apenas terão que comunicar aos sócios a justificação para aquelas opções.

Por fim, cumpre apenas dizer que também nada parece obstar a que se estabeleça um direito especial, para algum ou alguns dos sócios, fruto de um acordo de vontades, que consista num direito alargado de obtenção de informação, desde que não implique a

razões que se prendem com o exercício de direitos inderrogáveis dos sócios poderão justificar a prestação de informação excepcional, não se aceitando investigações abusivas. Ou seja, esta autorização excepcional, concedida pelo tribunal, deve ser acompanhada da imposição de limites bem precisos e de procedimentos capazes de evitar abusos.

ACORDOS PARASSOCIAIS

atribuição de direitos insuficientes aos outros sócios. Será de recordar apenas que a natureza confidencial de alguns factos[109] terá que constituir um limite a este alargamento, uma vez que a sua divulgação constitui, em certos casos, crime de abuso de informação.

5.5. Acordos que incidem sobre estratégias de gestão
Tendo analisado vários tipos de acordos parassociais que se concretizam em assuntos anteriores ou exteriores à gestão da sociedade, entramos, por fim, na observação dos acordos parassociais que mais se aproximam do sentido literal da segunda parte do nº 2 do artigo 17º do Código das Sociedades Comerciais: aqueles que incidem sobre as condutas dos membros do órgão de administração da sociedade.

Como fomos vendo, o legislador, quando criou a estrutura organizativa de cada um dos tipos de sociedades comerciais, preocupou-se em delimitar, pelo menos de forma genérica,[110] o papel que cada um dos órgãos deveria desempenhar. Ficou então definido que o órgão de administração das sociedades comerciais tem poderes de representação e de gestão da sociedade, mas que a amplitude desses poderes varia, consoante o tipo de sociedade. Se, nas socieda-

[109] Como é o caso da informação privilegiada, prevista no artigo 66º do Código do Mercado dos Valores Mobiliários.
[110] O legislador não terá feito uma enumeração taxativa dos actos da competência de cada um dos órgãos por ser impossível prever todos os assuntos sobre os quais uma sociedade terá que deliberar. Um elenco fechado acabaria, inevitavelmente, por revelar-se lacunoso.

CONSEQUÊNCIAS DO ALCANCE DA PARTE FINAL DO Nº 2

des por quotas, os gerentes devem praticar os actos que forem necessários ou convenientes para a realização do objecto social, com respeito pelas deliberações dos sócios, nas sociedades anónimas, o conselho de administração tem exclusivos e plenos poderes de representação da sociedade, devendo gerir as actividades da sociedade e subordinar-se às deliberações dos accionistas apenas quando a lei ou o contrato de sociedade o determinarem. Ou seja, como tivemos já oportunidade de referir, os administradores das sociedades anónimas terão muito mais autonomia do que os gerentes das sociedades por quotas, porque, nestas últimas, os sócios têm um papel de maior relevo nessas matérias.[111] Estas diferenças de regime permitem-nos, portanto, afirmar que a segunda parte do nº 2 do artigo 17º do Código das Sociedades Comerciais, na parte em que proíbe que os acordos parassociais respeitem à conduta de intervenientes ou de outras pessoas no exercício de funções de administração,

---

[111] Note-se, contudo, que o espírito do artigo 259º não abrange a possibilidade de transformar os gerentes em meros executores de actos de gestão, decididos pela assembleia geral dos sócios. Com opinião idêntica, *vide* ABREU, Jorge Manuel Coutinho de, *Governação das Sociedades Comerciais*, Coimbra, Almedina, 2010, pp. 54-57. Caso tal situação venha a acontecer, parece poder afirmar-se que o sócio, ao condicionar e orientar a gestão da sociedade, está a exercer funções de administração que lhe foram confiadas, sendo de aplicar o artigo 80º para fundamentar a sua responsabilidade. Sobre este assunto, *vide* RIBEIRO, Maria de Fátima, *A tutela dos credores das sociedades por quotas e a "desconsideração da personalidade jurídica"*, Coimbra, Almedina, 2009, p. 471.

ACORDOS PARASSOCIAIS

terá, como facilmente se percebe, um alcance muito maior nas sociedades anónimas do que nas sociedades por quotas, uma vez que nestas a divisão de competências é muito mais ténue. Por este motivo, neste capítulo ocupar-nos-emos das sociedades anónimas, onde se levantam os maiores problemas sobre esta matéria.

Assim sendo, e para conseguirmos determinar o alcance da segunda parte do nº 2 do artigo 17º, será absolutamente necessário, antes de mais, concretizar a expressão "poderes de gestão da sociedade", uma vez que é sobre estas matérias que os accionistas não podem dispor, por intermédio de acordos parassociais. Se o legislador, no artigo 406º, teve a preocupação de enumerar exemplificativamente os assuntos sobre os quais o conselho de administração se deverá debruçar, essa enumeração é bastante genérica, pelo que se torna necessário sistematizá-la. A doutrina, por sua vez, também não se tem preocupado em tratar este conceito, limitando-se a descrevê-lo genericamente.[112] Contudo, podemos ainda encontrar alguns autores

---

[112] Ora o descrevem como a "competência de prossecução da política social e de execução das deliberações dos sócios" (ASCENSÃO, J. Oliveira, *Direito Comercial, IV – Sociedades Comerciais, Parte Geral*, Lisboa, 2000, p. 447) ou como a "actividade necessária à realização dos fins concretos e predeterminados da sociedade, que a informam e a limitam" (FRANÇA, Maria Augusta, *A estrutura das sociedades anónimas em relação de grupo*, Lisboa, AAFDL, 1990, p. 38), ora a definem como o "conjunto de actuações materiais e jurídicas imputáveis a uma sociedade que não estejam, por lei, reservadas a outros órgãos"

CONSEQUÊNCIAS DO ALCANCE DA PARTE FINAL DO Nº 2

que apresentam uma divisão e um reagrupamento dessas matérias de gestão, com base nos elementos fornecidos pela lei. José Vasques,[113] conciliando os artigos 406º e 66º do Código das Sociedades Comerciais, opta por uma tripartição de competências: as relativas ao planeamento e organização dos negócios da sociedade,[114] as atinentes à condução dos negócios da sociedade[115] e as respeitantes ao controlo da actividade da sociedade.[116] Já Maria Augusta França[117] opta por uma divisão dos poderes do órgão de administração em quatro matérias: as relativas à organização da sociedade,[118] à organização da empresa,[119] à decisão sobre negócios fundamentais da empresa[120]

(CORDEIRO, António Menezes, *Da responsabilidade civil dos administradores das sociedades comerciais*, Lisboa, Lex, 1997, p. 369).

[113] VASQUES, José, *Estruturas e conflitos de poderes nas sociedades anónimas*, Coimbra, Coimbra Editora, 2007, pp. 128-129.

[114] Nomeadamente questões de organização e funcionamento da sociedade (alíneas a), b), c), h), l) e m)) e de gestão dos negócios empresariais (alíneas g), i) e j)).

[115] Através da celebração de negócios de aquisição, alienação ou oneração de bens imóveis (alínea e)) e da prestação de cauções ou garantias pela sociedade (alínea f)).

[116] Estas actividades prender-se-ão com a prestação de contas, prevista na alínea d) do artigo 406º e nos artigos 65º, 66º e 421º do Código das Sociedades Comerciais.

[117] FRANÇA, Maria Augusta, *A estrutura das sociedades anónimas em relação de grupo*, Lisboa, AAFDL, 1990, p. 38.

[118] Alíneas a) a c).

[119] Alínea i).

[120] Alíneas e) e g).

ACORDOS PARASSOCIAIS

e à decisão sobre a estrutura da sociedade.[121] Será, portanto, sobre estas matérias que, tendo em vista o respeito pela delimitação de competências entre os órgãos e pelo interesse social, o legislador estabeleceu que os sócios não podem celebrar, entre si ou com terceiros,[122] acordos parassociais que visem vincular os administradores, limitando a sua liberdade de actuação.[123/124]

[121] Alínea l).

[122] Como vimos logo nas primeiras páginas deste trabalho, apesar de o artigo 17º apenas se referir aos acordos parassociais celebrados entre todos ou alguns dos sócios de uma sociedade, este regime deverá ser aplicado, por analogia, aos acordos parassociais em que intervenham indivíduos que não são sócios da sociedade, sob pena de, caso assim não se entenda, serem as restrições previstas pelo legislador facilmente contornadas.

[123] Ficam aqui ressalvados os casos de que falámos, de acordos parassociais omnilaterais que, não contendo com interesses de terceiros, contribuem para a definição e prossecução do interesse da sociedade. Neste sentido, ver FRADA, Manuel A. Carneiro da, "Acordos parassociais omnilaterais", *Direito das Sociedades em Revista*, ano I (2009), II. Contra, vide GUYON, Yves, *Les sociétés : aménagements statutaires et conventions entre associés*, 4.ème éd., Paris, LGDJ, 1999, p. 404.

[124] Cumpre ainda chamar a atenção para o facto de se verificar, na prática societária, o uso da figura do regulamento do órgão de administração da sociedade para se contornar esta proibição. Ou seja, sabendo os sócios que não podem dispor, por intermédio de acordos parassociais, sobre matérias de gestão da sociedade, optam por elaborar um regulamento que, não se limitando a regulamentar a organização e o funcionamento do órgão, estabelece determinadas directivas quanto às estratégias de gestão a adoptar, o que constitui uma clara fraude à lei. Assim, o que propomos neste trabalho é, de forma semelhante ao que ocorre com os acordos parassociais em que

CONSEQUÊNCIAS DO ALCANCE DA PARTE FINAL DO Nº 2

Questão relacionada, que importa colocar, é a de se deverão ou não ser admitidos os acordos parassociais em que esses terceiros são os próprios gestores da sociedade que, nessa qualidade, se vinculam perante os sócios a certas obrigações, se comprometem a adoptar determinadas medidas de gestão, ou se a sua admissibilidade deverá ser restringida. Ora, a proibição da segunda parte do nº 2 do artigo 17º visa, essencialmente, como vimos, evitar que os sócios interfiram ou exerçam influência na actuação dos membros do órgão de administração. Se essa proibição tem por base a legal e imperativa distribuição de competências entre os órgãos sociais, terá ainda mais em atenção uma protecção do interesse social que deve ser prosseguido pelos administradores, ou seja, visa evitar que os sócios, mediante acordos parassociais, procurem influenciar os administradores nas suas decisões, orientando a sua actuação por uma via mais conveniente aos interesses dos sócios do que ao interesse da sociedade propriamente dito. Assim sendo, a análise que é aqui feita dependerá sempre do conteúdo concreto de cada acordo. Se, por

intervêm não só sócios da sociedade, mas também terceiros, aplicar analogicamente a segunda parte do nº 2 do artigo 17º aos regulamentos internos que, sendo elaborados pelos sócios, procuram contornar aquela proibição. Sobre a figura do regimento ou regulamento interno do órgão de administração, *vide* ANTUNES, José Engrácia, "O regimento do órgão de administração", *Direito das Sociedades em Revista*, ano I (2009), II, pp. 81-95.

ACORDOS PARASSOCIAIS

um lado, os gestores intervêm no acordo, mas não têm grande poder negocial, acabando por submeter--se às instruções dos sócios,[125] ou obrigando-se a agir em troca de determinadas vantagens, não só estarão a pôr em causa o princípio da divisão de competências, mesmo que sejam eles a actuar, posteriormente, de acordo com as directrizes impostas, como colocam em risco o interesse social. Por isso, o acordo parassocial será, obviamente, inadmissível, em face do artigo 17º, nº 2. Se, pelo contrário, os administradores da sociedade assumirem um papel compatível com a noção de "diligência de um gestor criterioso e ordenado", o conteúdo do acordo poderá vir ao encontro dos interesses da sociedade, constituindo um grande contributo para o seu crescimento. Assim, parece--nos que são de admitir os acordos parassociais em que os administradores se obrigam, antes de tomarem determinadas decisões, a pedir um parecer a uma certa entidade[126] ou a ouvir a assembleia geral,[127] ainda que não fiquem vinculados a esses pareceres, uma vez que essas exigências não se revelam demasiado condicionadoras da sua discricionariedade técnica, nem parecem ser prejudiciais, por si só, ao interesse da sociedade.

---

[125] Muito por força do poder que estes têm de destituí-los.

[126] Veja-se, a título de exemplo, o nº 2 da Cláusula Terceira e o nº 3 da Cláusula Quarta do Acordo Parassocial do Anexo B.

[127] Como pode observar-se no nº 2 da Cláusula Quarta do Anexo B.

CONSEQUÊNCIAS DO ALCANCE DA PARTE FINAL DO Nº 2

Pelo contrário, será necessário ter maiores cautelas com os acordos que, não se limitando a exigir determinadas formalidades para a tomada de decisões futuras, resultam da negociação dos sócios com os administradores, na procura das melhores soluções a adoptar, no âmbito da gestão da sociedade. Se nos parece que, apesar do risco de influência dos sócios,[128] a discussão de ideias entre estes e os administradores, com o objectivo de adopção de medidas conformes com o interesse social, pode ser benéfica para a sociedade, uma vez que poderão daí resultar melhores opções de gestão e soluções de racionalidade empresarial,[129] entendemos, contudo, que o estabelecimento de medidas concretas não pode ser de

---

[128] É esta a principal razão que leva Ana Filipa Leal ("Algumas notas sobre a parassocialidade no Direito português", *Revista de Direito das Sociedades*, ano I (2009), II, p. 150, n. 56) a rejeitar a admissibilidade destes acordos, em face do artigo 17º, nº 2. Em Espanha, também Aurelio Menéndez Menéndez ("Los pactos de sindicación para el organo administrativo de la sociedade anónima", *Estudios de derecho mercantil en homenage a Rodrigo Iria*, Madrid, 1978, p. 353-380) rejeita estes acordos parassociais, por contrariarem a natureza dos actos dos administradores, que devem prosseguir o interesse social e não o interesse dos indivíduos que subscrevem o acordo.

[129] Será o que acontece no Acordo Parassocial apresentado no Anexo B, celebrado entre sócios e administradores. Como se pode ler na Cláusula Sexta, o acordo foi celebrado com vista a uma melhor prossecução do interesse social. Embora coloque alguns obstáculos à tomada de decisões de gestão, não o faz com vista a retirar autonomia aos administradores, mas a permitir uma maior ponderação dos interesses em causa.

ACORDOS PARASSOCIAIS

tal modo restrito que ponha em causa aquela margem de discricionariedade técnica de que o administrador goza.[130] Por outro lado, somos de opinião que o acordo parassocial não deverá ter uma vigência demasiado alargada, sob pena de, por força de uma alteração das circunstâncias, as medidas acordadas começarem a ser inadequadas ou mesmo prejudiciais para o interesse social. Em última instância, e caso as circunstâncias que subjazem ao acordo parassocial se alterem drasticamente, num curto período de tempo, entendemos que cessará o dever de cumprimento, sob pena de violação daquele interesse social que os administradores têm o dever de prosseguir.[131]

Assim, a celebração de acordos parassociais em que intervenham administradores, e que têm em vista a discussão dos problemas sociais e a procura das melhores soluções de racionalidade empresarial, será, a nosso ver, admissível, mas apenas na medida em que se encontre salvaguardado o interesse social

---

[130] Se, por exemplo, fica acordado que a sociedade irá investir mais na marca y do que na marca x, mas não ficar definida qual a forma de investimento a adoptar, os administradores ainda mantêm alguma margem de discricionariedade.

[131] Se, por hipótese, sócios e administradores acordam, em 2008, que a sociedade irá vender apenas a pessoas colectivas, porque dispõe de uma carteira de dez clientes que compra em grandes quantidades, e se, em 2011, três desses clientes se apresentam à insolvência, será necessário repensar a estratégia de gestão adoptada e, eventualmente, abrir a possibilidade de a empresa recomeçar a negociar com pessoas individuais.

CONSEQUÊNCIAS DO ALCANCE DA PARTE FINAL DO Nº 2

e a liberdade de actuação característica das funções que os administradores desempenham.[132]

[132] No mesmo sentido, ver Trigo, Maria da Graça, *Os acordos parassociais sobre o exercício do direito de voto*, 2ª ed., Lisboa, Universidade Católica Editora, 2011, pp. 142-143; e Ventura, Raul, *Estudos Vários Sobre Sociedades Anónimas*, Coimbra, Almedina, 1992, p. 70. Cándido Paz-Ares, por sua vez, considera-os nulos, "porque ésta es la única vía disponible para hacerlos inoponibles a la sociedad" ("Fundamento de la prohibición de los pactos de voto para el consejo", *InDret – Revista para el análisis del derecho n. º* 4/2010, Barcelona, Outubro 2010). Contudo, o argumento usado pelo autor espanhol não poderá ser transposto para o direito português. Por um lado, porque nestes casos o administrador não age em nome da sociedade, mas na qualidade de membro de um órgão. Por outro, porque enquanto o artigo 29º da Ley de Sociedades de Capital dispõe que "los pactos que se mantengan reservados entre los socios no serán oponibles a la sociedad", o artigo 17º, nº 1 do Código das Sociedades Comerciais determina apenas que "com base neles [acordos parassociais] não podem ser impugnados actos da sociedade ou dos sócios para com a sociedade". Ou seja, este tipo de acordos parassociais em que intervêm membros do órgão de administração serão válidos, em Portugal, mas não poderão servir de base à anulação dos actos de gestão que os desrespeitem.

CONCLUSÃO

Ao estabelecer a proibição de os acordos parassociais disporem sobre a actuação dos membros do órgão de administração, o legislador teve em vista, desde logo, o respeito pelo princípio da tipicidade e pela imperativa divisão de competências entre os órgãos societários. Ou seja, se os sócios apenas podem ocupar-se, em acordos parassociais, sobre matérias da sua competência, não poderão dispor sobre a maior parte das matérias de gestão da sociedade, uma vez que cabe ao próprio órgão de administração deliberar sobre elas, no uso da sua discricionariedade técnica. Assim, se não constitui qualquer problema os acordos parassociais versarem sobre a eleição dos administradores, sobre o estabelecimento das suas remunerações ou sobre o estabelecimento de *quorum* mais exigentes, porque estes são assuntos da competência dos sócios, já assim não sucederá quando estes procuram dispor sobre a organização e a condução dos negócios da sociedade, porque estas são matérias da competência do órgão de administração.

Por outro lado, o legislador teve também em consideração que se os administradores são eleitos para,

ACORDOS PARASSOCIAIS

no exercício das suas funções, agirem com a diligência de um gestor criterioso e ordenado, com vista ao desenvolvimento da sociedade e à defesa dos seus interesses, mas sem nunca esquecer os interesses dos sócios, trabalhadores e credores, já os sócios, individualmente considerados, ainda que devam também defender o interesse social, tendem a prosseguir, inevitavelmente, os seus próprios interesses, não sendo censurados por isso. Pelo contrário, os administradores poderão ser responsabilizados pelos danos que causem à sociedade, no exercício das suas funções, se não prosseguirem o interesse da sociedade e se não agirem com a diligência que lhes é exigida, o que constitui, também, um controlo da sua actuação. Por isso é que os administradores têm que preservar sempre a sua autonomia e independência, no exercício de funções, não podendo estar vinculados a quaisquer directrizes dos sócios que prosseguem interesses distintos, seja por intermédio de acordos parassociais, seja por qualquer outra via. Devem ser os administradores, no exercício das suas competências técnicas, a fazer as opções de gestão que entendem ser mais convenientes ao interesse social. E, caso se verifique um exercício de influência inadmissível, por parte dos sócios, nomeadamente nos casos em que têm ascendente sobre os administradores, levando-os a agir em prejuízo da sociedade, poderão aqueles ser responsabilizados solidariamente.

Assim sendo, os acordos parassociais não podem versar, em regra, sobre matérias de gestão, que são,

CONCLUSÃO

na maior parte das vezes, da competência do órgão de administração da sociedade, sob pena de nulidade. O mesmo acontecerá com os acordos parassociais celebrados entre sócios e terceiros e com os regulamentos internos, aprovados pelos sócios, que, não dispondo apenas de matérias relativas à composição e ao funcionamento do órgão, aproveitam também, numa clara tentativa de defraudar a proibição legal, para impor aos administradores orientações sobre as estratégias de gestão a adoptar pela sociedade.

Ficam, no entanto, ressalvados os casos em que os acordos parassociais são celebrados por todos os sócios e não estão em causa, no caso concreto, interesses de terceiros. Nestes casos especiais o que se verifica é que, estando reunidos os interesses de todos os sócios que constituem a sociedade, o resultado será sempre conforme com o interesse de todos eles que, consequentemente, será também o interesse social.

Ficam também fora do alcance da proibição da segunda parte do nº 2 do artigo 17º os acordos parassociais sobre matérias de gestão da sociedade celebrados entre sócios e administradores, em que estes últimos se obriguem, antes de tomarem determinada decisão, a pedir um parecer à assembleia geral ou a uma entidade independente. Por outro lado, embora suscitem mais reservas, poderão ser também admitidos os acordos que estabeleçam concretas medidas de gestão, desde que assegurem o interesse social, bem como a liberdade, autonomia e discricionariedade dos administradores. Acautelados que estejam estes

ACORDOS PARASSOCIAIS

aspectos, e tendo em conta que, da discussão que precede o acordo parassocial, poderão resultar grandes benefícios para a gestão da sociedade, não deverão ser considerados nulos os acordos parassociais celebrados entre sócios e administradores, uma vez que não se enquadram no âmbito daquela proibição.

BIBLIOGRAFIA

ABREU, Jorge Manuel Coutinho de, *Curso de Direito Comercial*, II, 4ª ed., Coimbra, Almedina, 2011;

ABREU, Coutinho de, *Da Empresarialidade – As Empresas no Direito*, Coimbra, Almedina, 1996;

ABREU, J. M. Coutinho de, "Deveres de cuidado e de lealdade dos administradores e interesse social", *Reformas do Código das Sociedades*, Instituto do Direito das Empresas e do Trabalho, Coimbra, Almedina, 2007, pp. 17-47;

ABREU, Jorge Manuel Coutinho de, *Governação das Sociedades Comerciais*, Coimbra, Almedina, 2010;

ALMEIDA, António Pereira de, *Sociedades Comerciais: completamente reformulado de acordo com o Decreto-Lei nº 76-A/2006*, 4ª ed., Coimbra, Coimbra Editora, 2006;

ANTUNES, José Engrácia, "O regimento do órgão de administração", *Direito das Sociedades em Revista*, ano I (2009), II, pp. 81-95;

Ascensão, J. Oliveira, *Direito Comercial, IV – Sociedades Comerciais, Parte Geral*, Lisboa, 2000;

BAIRROS, Rita Mafalda Vera-Cruz Pinto, "Os acordos parassociais – breve caracterização", *Revista de Direito das Sociedades*, ano II (2010), I-II, pp. 333-358;

BRANCO, Sofia Ribeiro, *O direito dos accionistas à informação*, Coimbra, Almedina, 2008;

CORDEIRO, António Menezes, "Acordos Parassociais", *Revista da Ordem dos Advogados* 61º (2001), II, pp. 529-542;

CORDEIRO, António Menezes, *Código das Sociedades Comerciais Anotado*, Coimbra, Almedina, 2012;

ACORDOS PARASSOCIAIS

CORDEIRO, António Menezes, *Da responsabilidade civil dos administradores das sociedades comerciais*, Lisboa, Lex, 1997;

CORDEIRO, António Menezes, *Manual de Direito das Sociedades*, I, Coimbra, Almedina, 2004;

CORDEIRO, António Menezes, *Manual de Direito das Sociedades*, II, Coimbra, Almedina, 2007;

CORDEIRO, António Menezes, *O levantamento da personalidade colectiva no Direito Civil e Comercial*, Coimbra, Almedina, 2000;

CORDEIRO, António Menezes, "Os deveres fundamentais dos administradores das sociedades", *Revista da Ordem dos Advogados* 66º (2006), II, pp. 433-488;

CORREIA, Jorge Magalhães, "Notas breves sobre o regime dos acordos parassociais nas sociedades cotadas", *Cadernos do Mercado de Valores Mobiliários* 15º, 2002, pp. 91-95;

CORREIA, Luís Brito, "Deliberações do Conselho de Administração de Sociedades Anónimas", *Problemas do Direito das Sociedades*, Instituto do Direito das Empresas e do Trabalho, Coimbra, Almedina, 1992, pp. 529-565;

CORREIA, Luís Brito, *Direito Comercial, II – Sociedades Comerciais*, AAFDL, Lisboa, 2000;

CORREIA, Luís Brito, *Direito Comercial, III – Deliberações dos Sócios*, AAFDL, Lisboa, 1997;

CORREIA, Luís Brito, *Os administradores de sociedades anónimas*, Coimbra, Almedina, 1993;

CORREIA, Miguel Pupo, *Direito Comercial*, 12ª ed., Lisboa, Ediforum, 2011;

COSTA, Ricardo, *Código das Sociedades Comerciais em Comentário*, volume I, Jorge M. Coutinho de Abreu (coord.), Instituto de Direito das Empresas e do Trabalho, Coimbra, Almedina, 2010, pp. 914-922;

COSTA, Ricardo, "Responsabilidade civil societária dos administradores de facto", *Temas Societários*, Instituto do Direito das Empresas e do Trabalho, Coimbra, Almedina, 2006, pp. 23-43;

CUNHA, Carolina, *Código das Sociedades Comerciais em Comentário*, volume I, Jorge M. Coutinho de Abreu (coord.), Instituto de Direito das Empresas e do Trabalho, Coimbra, Almedina, 2010, pp. 286-318;

BIBLIOGRAFIA

CUNHA, Paulo Olavo da, *Direito das Sociedades Comerciais*, 5ª ed., Coimbra, Almedina, 2012;

DIAS, Rui Pereira, *Código das Sociedades Comerciais em Comentário*, volume I, Jorge M. Coutinho de Abreu (coord.), Instituto de Direito das Empresas e do Trabalho, Coimbra, Almedina, 2010, pp. 952-964;

DIAS, Rui Pereira, *Responsabilidade por Exercício de Influência sobre a Administração de Sociedades Anónimas*, Coimbra, Almedina, 2007;

FRADA, Manuel A. Carneiro da, "Acordos parassociais omnilaterais: um novo caso de desconsideração da personalidade jurídica?", *Direito das Sociedades em Revista*, ano I (2009), II, pp. 97-135;

FRADA, Manuel A. Carneiro da, "A *Business Judgment Rule* no quadro dos deveres gerais dos administradores", *Revista da Ordem dos Advogados* 67º (2007), I, pp. 159-205;

FRADA, Manuel A. Carneiro da, *Direito Civil – Responsabilidade Civil: o método do caso*, Coimbra, Almedina, 2011;

FRANÇA, Maria Augusta, *A estrutura das sociedades anónimas em relação de grupo*, Lisboa, AAFDL, 1990;

FURTADO, Jorge Henrique Pinto, *Curso de Direito das Sociedades*, 4ª ed., Coimbra, Almedina, 2004;

GOMES, José Ferreira, "Conflito de Interesses entre Accionistas nos Negócios Celebrados entre a Sociedade Anónima e o seu Accionista Controlador", *Conflito de Interesses no direito societário e financeiro – Um balanço a partir da crise financeira*, Coimbra, Almedina, 2010, pp. 141-163;

GOMES, José Ferreira, "Os deveres de informação sobre negócios com partes relacionadas e os recentes Decretos-Lei nº 158/2009 e 185/2009", *Cadernos do Mercado de Valores Mobiliários* 33º, Agosto de 2009, pp. 105-140;

GUINÉ, Orlando Vogler, "A transposição da Directiva 2004/25/CE e a limitação dos poderes do órgão de administração da sociedade visada", *Cadernos do Mercado de Valores Mobiliários* 22º, Dezembro de 2005, pp. 21-44;

GUYON, Yves, *Les sociétés : aménagements statutaires et conventions entre associés*, 4-ème éd., Paris, LGDJ, 1999;

JARILLO, María José Morillas, *Las normas de conducta de los administradores de las sociedades de capital*, Madrid, La Ley, 2002;

107

ACORDOS PARASSOCIAIS

JUGLART, Michel de, IPPOLITO, Benjamin, *Les sociétés commerciales – cours de droit commercial*, Paris, Montchrestien, 1999;

LABAREDA, João, "Direito à informação", *Problemas do Direito das Sociedades*, Instituto do Direito das Empresas e do Trabalho, Coimbra, Almedina, 2002, pp. 119-151;

LEAL, Ana Filipa, "Algumas notas sobre a parassocialidade no Direito português", *Revista de Direito das Sociedades*, ano I (2009), II, pp. 135-183;

MAIA, Pedro, *Função e Funcionamento do Conselho de Administração da Sociedade Anónima*, Studia Iuridica 62, Coimbra, Coimbra Editora, 2002;

MARTINS, Alexandre Soveral, *Os Poderes de Representação dos Administradores de Sociedades Anónimas*, Studia Iuridica 34, Coimbra, Coimbra Editora, 1998;

MATOS, Albino, *Constituição de sociedades: teoria e prática*, 5ª ed., Coimbra, Almedina, 2001;

MENÉNDEZ MENÉNDEZ, Aurelio, "Los pactos de sindicación para el órgano administrativo de la sociedad anónima", Estudios de derecho mercantil en homenage a Rodrigo Iria, Madrid, 1978, pp. 353-380;

MONTEIRO, A. Pinto, "Anotação ao Acórdão do STJ de 11.03.1999", *Revista de Legislação e Jurisprudência* 132º (1999), nº 3899, pp. 41-60;

NETO, Abílio, *Código das sociedades comerciais: jurisprudência e doutrina*, 3ª ed., Lisboa, Ediforum, 2005;

NUNES, Pedro Caetano, *Responsabilidade Civil dos Administradores Perante os Accionistas*, Coimbra, Almedina, 2001;

OGANDO, José João Avilez, "Os deveres de informação permanente no mercado de capitais", *Revista da Ordem dos Advogados* 64º (2004), pp. 201 e ss.;

OPPO, Giorgio, *Diritto delle società*, II, Padova, Cedam, 1992;

PEREIRA, Joel Timóteo Ramos, "Sociedades Comerciais: Pode um gerente votar em benefício próprio?", *O advogado*, 18º, Fevereiro de 2002;

PAZ-ARES, Cándido, "Fundamento de la prohibición de los pactos de voto para el consejo", *InDret – Revista para el análisis del derecho* n. º 4/2010, Barcelona, Outubro 2010;

BIBLIOGRAFIA

RAMOS, Maria Elisabete Gomes, "A responsabilidade de membros da administração", *Problemas do Direito das Sociedades*, Instituto do Direito das Empresas e do Trabalho, Coimbra, Almedina, 2002, pp. 71-92;

RAMOS, Maria Elisabete, "Aspectos substantivos da responsabilidade civil dos membros do órgão de administração perante a sociedade", *Boletim da Faculdade de Direito* 73º (1997), pp. 211-250;

RAMOS, Maria Elisabete Gomes, "Da responsabilidade civil dos membros da administração para com os credores sociais", Boletim da Faculdade de Direito 76º (2000), pp. 251-288;

RAMOS, Maria Elisabete, *Responsabilidade Civil dos Administradores e Directores de Sociedades Anónimas perante os credores sociais*, Studia Iuridica 67, Coimbra, Coimbra Editora, 2002;

RIBEIRO, Maria de Fátima, *A tutela dos credores das sociedades por quotas e a "desconsideração da personalidade jurídica"*, Coimbra, Almedina, 2009;

RODRIGUES, Ilídio Duarte, *A administração das sociedades por quotas e anónimas – Organização e estatuto dos administradores*, Lisboa, Livraria Petrony, 1990;

ROSSI, Enzo, *Amministratori di società ed esercizio del potere: con particolare riferimento alle normative opa e antitrust*, Milano, Giuffrè, 1989;

SANTOS, Filipe Cassiano dos, *Estrutura associativa e participação societária capitalística*, Coimbra, Coimbra Editora, 2006;

SANTOS, Mário Leite, *Contratos parassociais e acordos de voto nas sociedades anónimas*, Lisboa, Edições Cosmos, 1996;

SANTOS, Teophilo de Azeredo, "Acordo de Accionistas", *Revista da Ordem dos Advogados* 47º (1987), I, pp. 181-194;

SEIA, Jorge Alberto de Aragão, "O papel da jurisprudência na aplicação do Código das Sociedades Comerciais", *Problemas do Direito das sociedades*, Instituto do Direito das Empresas e do Trabalho, Coimbra, Almedina, 1992, pp. 15-22;

SERENS, M. Nogueira, *Notas sobre a sociedade anónima*, Studia Iuridica 14, Coimbra, Coimbra Editora, 1995;

SILVA, João Calvão da, *Estudos de Direito Comercial*, Coimbra, Almedina, 1996, pp. 237-246;

SILVA, João Calvão da, *Estudos Jurídicos (pareceres)*, Coimbra, Almedina, 2001, pp. 235-252;

ACORDOS PARASSOCIAIS

SILVA, João Soares da, "Responsabilidade civil dos administradores da sociedade: os deveres gerais e os princípios da Corporate Governance", *Revista da Ordem dos Advogados* 57º (1997), II, pp. 605-628;

TELLES, Fernando Galvão, "União de contratos e contratos para-sociais", *Revista da Ordem dos Advogados* 11º (1951), I-II, pp. 37-103;

TOMÉ, Maria João, "Algumas notas sobre as restrições contratuais à livre transmissibilidade de acções", *Direito e Justiça*, IV (1989-90), pp. 213 e ss.;

TORRES, Carlos Maria Pinheiro, *O direito à informação nas sociedades comerciais*, Coimbra, Almedina, 1998;

TRIGO, Maria da Graça, "Acordos Parassociais – síntese das questões jurídicas mais relevantes", *Problemas do Direito das Sociedades*, Instituto do Direito das Empresas e do Trabalho, Coimbra, Almedina, 2003, pp. 169-184;

TRIGO, Maria da Graça, *Os acordos parassociais sobre o exercício do direito de voto*, 2ª ed., Lisboa, Universidade Católica Editora, 2011;

TRIUNFANTE, Armando Manuel, *A tutela das minorias nas sociedades anónimas – direitos de minoria qualificada e abuso de direito*, Coimbra, Coimbra Editora, 2004;

VALE, Rui Guilherme dos Santos do, "As assembleias gerais e os acordos parassociais", *Revista de Direito das Sociedades*, ano II (2010), 1-2, pp. 359-377;

VASCONCELOS, Pedro Pais de, *A participação social das sociedades comerciais*, Coimbra, Almedina, 2006;

VASQUES, José, *Estruturas e conflitos de poderes nas sociedades anónimas*, Coimbra, Coimbra Editora, 2007;

VEIGA, Alexandre Brandão da, *Transmissão de Valores Mobiliários*, Coimbra, Almedina, 2010;

VENTURA, Raul, "Acordos de Voto: algumas questões depois do Código das Sociedades Comerciais", *O Direito*, I-II, 1992, pp. 17 e ss.;

VENTURA, Raul, *Estudos Vários Sobre Sociedades Anónimas*, Coimbra, Almedina, 1992;

VENTURA, Raul, *Novos Estudos Sobre Sociedades Anónimas e Sociedades em Nome Colectivo*, Coimbra, Almedina, 1994;

BIBLIOGRAFIA

VENTURA, Raul, *Sociedades por quotas*, I, Coimbra, Almedina, 1999;

VENTURA, Raul, *Sociedades por quotas*, II, Coimbra, Almedina, 1989;

VENTURA, Raul, *Sociedades por quotas*, III, Coimbra, Almedina, 1996;

XAVIER, Vasco Lobo, "A validade dos sindicatos de voto no direito português constituído e constituendo", *Revista da Ordem dos Advogados* 45º (1985), pp. 639-653.

JURISPRUDÊNCIA CITADA

Acórdão do Tribunal da Relação de Coimbra, de 07.04.1994, processo nº 971/93, *Colectânea de Jurisprudência*, XIX (1994), tomo II, pp. 24-27;

Acórdão do Tribunal da Relação do Porto, de 12.12.1994, processo nº 167/94, *Colectânea de Jurisprudência*, XIX (1994), tomo V, pp. 228-232;

Acórdão do Tribunal da Relação do Porto, de 24.11.1997, processo nº 1011/97, *Colectânea de Jurisprudência*, XXII (1997), tomo V, pp. 202-206;

Acórdão do Supremo Tribunal de Justiça, de 11.03.1999, *Revista de Legislação e Jurisprudência*, 132º (1999), nº 3899, pp. 41-52;

Acórdão do Supremo Tribunal de Justiça, de 16.03.1999, processo nº 1274/98, *Colectânea de Jurisprudência do Supremo Tribunal de Justiça*, VII (1999), tomo I, pp. 160-163;

Acórdão do Tribunal da Relação de Lisboa, de 25.10.2001, processo nº 7045/01, *Colectânea de Jurisprudência*, XXVI (2001), tomo IV, pp. 130-133;

Acórdão do Tribunal da Relação de Guimarães, de 13.11.2002, processo nº 660/02, *Colectânea de Jurisprudência*, XXVII (2002), tomo V, pp. 268-272.

ANEXOS[*]

[*] Os acordos parassociais apresentados nestes anexos foram criados com o objectivo de elucidar o leitor acerca dos problemas suscitados ao longo deste trabalho. Para a sua elaboração foi de primordial importância o contacto com alguns acordos parassociais, o contributo do exemplo apresentado por Paulo Olavo da Cunha (CUNHA, Paulo Olavo da, *Direito das Sociedades Comerciais*, 5ª ed., Coimbra, Almedina, 2012, pp. 177-186) e os casos sobre os quais versam os estudos de João Calvão da Silva (SILVA, João Calvão da, *Estudos de Direito Comercial*, Coimbra, Almedina, 1996, pp. 237-246; Idem, *Estudos Jurídicos (pareceres)*, Coimbra, Almedina, 2001, pp. 235-252).

Anexo A

ACORDO PARASSOCIAL I

Entre

PRIMEIRO: sócio A, com uma participação social correspondente a 18% do capital social, adiante também designado PRIMEIRO OUTORGANTE ou CONTRAENTE;

SEGUNDO: sócio B, com uma participação social correspondente a 15% do capital social, adiante também designado SEGUNDO OUTORGANTE ou CONTRAENTE;

TERCEIRO: sócio C, com uma participação social correspondente a 9,9% do capital social, adiante também designado TERCEIRO OUTORGANTE ou CONTRAENTE;

QUARTO: sócio D, com uma participação social correspondente a 5,5% do capital social, adiante também designado QUARTO OUTORGANTE ou CONTRAENTE;

QUINTO: sócio E, com uma participação social correspondente a 0,9% do capital social, adiante também designado QUINTO OUTORGANTE ou CONTRAENTE;

SEXTO: sócio F, com uma participação social correspondente a 0,8% do capital social, adiante também designado SEXTO OUTORGANTE ou CONTRAENTE.

ACORDOS PARASSOCIAIS

É celebrado o presente acordo parassocial, que se regerá pelas seguintes cláusulas:

PRIMEIRA

1. O presente acordo parassocial regula as relações entre os Contraentes, no âmbito da actividade da sociedade, e regulamenta a eleição e a remuneração dos administradores e o funcionamento do Conselho de Administração da Sociedade.
2. Este acordo substitui qualquer outro que tenha sido celebrado pelas partes, em momento anterior.

SEGUNDA

1. O Conselho de Administração será composto por 6 elementos, sendo dois deles os PRIMEIRO e SEGUNDO OUTORGANTES, assumindo o PRIMEIRO OUTORGANTE o cargo de Presidente.
2. O TERCEIRO OUTORGANTE e o QUARTO OUTORGANTE terão o direito de designar, cada um, um administrador, de entre uma lista de dez pessoas, aprovada consensualmente por todos os Contraentes.
3. Todos os Outorgantes se comprometem a votar favoravelmente a eleição dos administradores propostos, em execução do presente acordo.

TERCEIRA

1. Os Contraentes comprometem-se a votar uma remuneração mensal a atribuir aos administradores, pelo exercício das suas funções, não inferior a 1.500,00 € (mil e quinhentos euros).
2. A remuneração do Presidente do Conselho de Administração terá sempre um acréscimo de 500,00 € (quinhentos euros), relativamente à remuneração atribuída aos restantes membros daquele órgão.

ANEXOS

QUARTA

1. O Conselho de Administração não pode deliberar sem que estejam presentes ou representados todos os seus membros.
2. Sem prejuízo do disposto no número seguinte, as deliberações são tomadas pela maioria dos votos emitidos.
3. Quando estejam em causa decisões que impliquem um endividamento da sociedade perante terceiros num valor superior a 200.000,00 € (duzentos mil euros), ou a alienação de um imóvel ou de um estabelecimento comercial, o Conselho de Administração deverá deliberar por unanimidade.

QUINTA

1. Os contraentes comprometem-se a não alienar as respectivas participações sociais no prazo de três anos após a celebração do presente acordo.
2. Decorrido o prazo previsto no número anterior, a transmissão a título oneroso das participações detidas por um outorgante estará sujeita a um direito de preferência a favor de cada um dos outros, na proporção da participação social que detêm.
3. Se apenas um dos outorgantes exercer o seu direito de preferência, a aquisição deverá recair sobre a totalidade da participação social a alienar.

SEXTA

1. Os outorgantes comprometem-se a não votar favoravelmente deliberações de aumento do capital social por entradas em dinheiro de valor superior a 200.000,00 € (duzentos mil euros).
2. Ficam ressalvados os casos em que um aumento do capital superior a 200.000,00 € seja absolutamente necessário para fazer face a uma perda grave do capital social.

ACORDOS PARASSOCIAIS

SÉTIMA

1. Todos os outorgantes se comprometem a subscrever um pedido de informação conjunto, sempre que qualquer um dos TERCEIRO, QUARTO, QUINTO e SEXTO OUTORGANTES pretenda obter do Conselho de Administração informações sobre assuntos sociais.

2. O mesmo sucederá quando qualquer um dos QUINTO e SEXTO CONTRAENTES pretender consultar, na sede da sociedade, algum dos documentos da sociedade, nos termos do artigo 288º do Código das Sociedades Comerciais.

OITAVA

1. O incumprimento, total ou parcial, de qualquer uma destas cláusulas obriga o Outorgante incumpridor a pagar a cada um dos outros, a título de cláusula penal, o valor investido na sociedade.

2. O valor investido, para efeitos do número anterior, corresponde ao valor da participação social acrescido dos suprimentos e prestações acessórias realizados por cada Contraente.

Anexo B

ACORDO PARASSOCIAL II

Entre

PRIMEIRO: sócio A, com uma participação social correspondente a 25% do capital social, adiante também designado PRIMEIRO OUTORGANTE ou CONTRAENTE;

SEGUNDO: sócio B, com uma participação social correspondente a 18% do capital social, adiante também designado SEGUNDO OUTORGANTE ou CONTRAENTE;

TERCEIRO: C, membro do Conselho de Administração e sócio da sociedade, com uma participação social correspondente a 11% do capital social, adiante também designado TERCEIRO OUTORGANTE ou CONTRAENTE;

QUARTO: D, membro do Conselho de Administração, adiante também designado QUARTO OUTORGANTE ou CONTRAENTE;

QUINTO: E, membro do Conselho de Administração, adiante também designado QUINTO OUTORGANTE ou CONTRAENTE.

É celebrado o presente acordo parassocial, para o triénio de 2011/2013, que se regerá pelas seguintes cláusulas:

ACORDOS PARASSOCIAIS

PRIMEIRA

1. O presente acordo parassocial regula o funcionamento do Conselho de Administração, nomeadamente quando estejam em causa determinadas matérias de gestão da sociedade.

SEGUNDA

1. O Conselho de Administração é composto por três administradores, designadamente os TERCEIRO, QUARTO E QUINTO OUTORGANTES.

2. O Conselho de Administração não pode deliberar sem que estejam presentes ou representados todos os seus elementos.

3. Sem prejuízo do disposto nas cláusulas seguintes, as deliberações serão tomadas pela maioria dos votos emitidos.

TERCEIRA

1. Antes da tomada de decisões que impliquem a alienação e oneração de bens imóveis da sociedade, o Conselho de Administração deverá elaborar um relatório onde justifique a necessidade de tomada de tais decisões.

2. Quando estejam em causa negócios que impliquem um endividamento da sociedade, junto de instituições de crédito, superior a 1.000.000,00 € (um milhão de euros), deverão ser solicitados três pareceres prévios a entidades independentes.

QUARTA

1. Sem prejuízo do disposto nos números seguintes, a administração poderá, quando entenda ser necessário e benéfico para a sociedade, levar a cabo modificações na organização da empresa.

2. A decisão de abertura de novos estabelecimentos, que implique um investimento superior a 1.000.000,00 € (um milhão de euros) deverá ser precedida de parecer favorável dos PRIMEIRO E SEGUNDO CONTRAENTES e, posteriormente, deliberada por unanimidade.

ANEXOS

3. A decisão de encerramento de estabelecimentos da sociedade, com extinção de postos de trabalho, apenas deverá ser tomada depois de ouvida a Comissão de Trabalhadores.

QUINTA

1. A administração é responsável pela elaboração dos projectos de fusão, cisão e transformação da sociedade que entenda necessários ao interesse social.

2. A administração poderá solicitar os pareceres que entenda serem úteis para a elaboração desses projectos.

3. Os projectos deverão, no entanto, ser sempre apresentados aos sócios com uma antecedência mínima de 60 dias, relativamente à deliberação que venha a aprová-los.

SEXTA

1. Os outorgantes do presente acordo comprometem-se a cumprir todas as cláusulas no interesse da sociedade.

2. Os TERCEIRO, QUARTO E QUINTO OUTORGANTES não perdem, contudo, a autonomia na actividade de gestão da sociedade.

ÍNDICE

INTRODUÇÃO	13
1. Noções introdutórias	15
2. A admissibilidade dos acordos parassociais e as restrições gerais ao seu conteúdo	21
3. Restrições aos acordos de voto	27
4. Os acordos parassociais sobre a actuação dos membros do órgão de administração: razões para a sua proibição	33
4.1. O respeito pelo princípio da tipicidade e pela distribuição legal de competências	38
4.2. O interesse social	45
4.3. A responsabilidade dos administradores	52
5. Consequências do alcance da parte final do n.º 2 do artigo 17.º	63
5.1. Acordos relativos à eleição dos administradores	63
5.2. Acordos sobre a fixação de remunerações	70
5.3. Acordos sobre o *quorum* de funcionamento e sobre o *quorum* deliberativo do conselho de administração	75
5.4. Acordos que impõem um dever de informação regular	80
5.5. Acordos que incidem sobre estratégias de gestão	90

ACORDOS PARASSOCIAIS

CONCLUSÃO	101
BIBLIOGRAFIA	105
JURISPRUDÊNCIA CITADA	113
ANEXOS	
Anexo A	117
Anexo B	121